Markus Dreßler · Gritt Klinkhammer

Islam

POCKET THEMA

Cornelsen
SCRIPTOR

Die Autoren
Markus Dreßler (Kapitel 1 und 3) und Gritt Klinkhammer (Kapitel 2 und 4) sind promovierte Religionswissenschaftler; momentan tätig an Universitäten in New York bzw. Erfurt.

Cornelsen online http://www.cornelsen.de

Gedruckt auf chlorfrei gebleichtem Papier ohne Dioxinbelastung der Gewässer.

Bibliografische Information
Die Deutsche Bibliothek verzeichnet diese Publikation in der Deutschen Nationalbibliografie; detaillierte bibliografische Daten sind im Internet über http://dnb.ddb.de abrufbar.

Dieses Werk berücksichtigt die Regeln der reformierten Rechtschreibung und Zeichensetzung.

5.	4.	3.	2.	1.	Die letzten Ziffern bezeichnen
07	06	05	04	03	Zahl und Jahr der Auflage.

Redaktion: Eva Blome, Konstanz
Herstellung: Brigitte Bredow, Berlin
Satz: FROMM MediaDesign GmbH, Selters/Ts.
Umschlaggestaltung: Bauer + Möhring unter Verwendung eines Fotos von dpa Berlin (Motiv: Sultan Ahmed Cami in Istanbul, „Blaue Moschee", erbaut 1610–1617 von Mehmed Aga)
Karten: Carlos Borrell, Berlin
Illustrationen: S. 24, 27, 38, 39, 86, 93, 104: Klaus Müller, Berlin; S. 29, 64, 67, 68: Dorina Teßmann, Berlin
Fotos: S. 35, oberes Foto: Landesarchiv Berlin; S. 35, unteres Foto: Klaus Lehnartz, Berlin; S. 65, 69: Eva Blome, Konstanz
Druck und Bindearbeiten: Clausen & Bosse, Leck
Printed in Germany
ISBN 3-589-21686-7
Bestellnummer 216867

Inhalt

Vorwort

„Der Islam“ erfährt in unserer Öffentlichkeit in jüngster Zeit mehr Aufmerksamkeit als je zuvor. Dies hängt zum einen damit zusammen, dass im deutschsprachigen Raum lebende Muslime verstärkt ihr aktives Recht zur freien Religionsausübung einfordern und mit ihren Anliegen an die Öffentlichkeit treten. Der Leser der Tagespresse ist vertraut mit den kontrovers geführten Diskussionen um die Einführung eines islamischen Religionsunterrichts, die Kopftuch tragende Lehrerin, dem zum Gebet rufenden Muezzin.

Die Medienpräsenz des Islam hat zum anderen aber auch politische Ursachen mit weltweiter Bedeutung, denen der hier lebende durchschnittliche Muslim genau so hilflos gegenübersteht wie jeder Nichtmuslim: Vor allem der furchtbare Terroranschlag vom 11. September 2001 in New York hat viele Muslime in eine defensive Rolle gebracht. Sie sehen sich einem verstärkten Misstrauen gegenüber ihrer Religion ausgesetzt. Ein Großteil dieses Misstrauens könnte sicher schon durch mehr Information abgebaut werden. Beschäftigt man sich mit dem Islam etwas näher, wirkt er schnell weniger fremd.

Der Islam ist nicht erst seit der jüngeren Entstehung eines europäischen – und auch deutschen – Islam Teil des europäischen Kulturerbes. Der Begriff „Europa“ selbst ist im Mittelalter in der Auseinandersetzung mit dem Islam entstanden. Zur Zeit der Kreuzzüge trug die Bestimmung des Islam als „das Andere“ wesentlich zu ersten Formulierungen einer europäischen Idee bei. Dabei waren Muslime schon Jahrhunderte zuvor in Europa heimisch, sei es direkt als Fürsten in Andalusien, sei es indirekt über ihre Rolle als Vermittler vieler klassischer Schriften, die dem europäischen Denken neue Anstöße gaben.

Das vorliegende Bändlein eröffnet dem interessierten Laien durch kompakte Informationen Perspektiven auf den Islam, die über den engen Horizont tagespolitischer Geschehnisse hinausreichen. Geschichte und Aktualität, Glaube und Glaubenspraxis sowie die Situation des Islam in Deutschland werden prägnant behandelt. Während ausgewählten Aspekten (z. B. der Entstehungsgeschichte, der islamischen Pflichtenlehre, dem Islam in Deutschland) dabei relativ breiter Raum eingeräumt wird, kann auf andere Punkte (wie z. B. auf die politische Geschichte islamischer Zivilisationen und die Ausbreitung des Islam vom 7. Jahrhundert an) nur knapp verwiesen werden.

Ursprung und Glaubensfundamente

Bund zwischen Gott und Mensch

Für Muslime existiert der Islam schon seit Ewigkeiten. Er hat deshalb keine historische Entstehungszeit im eigentlichen Sinn. Das arabische Wort *Islam* kann mit „Hingabe (an den Willen Allahs)" übersetzt werden. Der Muslim ist somit derjenige, der sich dem Willen Allahs übergeben hat. **Allah**, sprachgeschichtlich wahrscheinlich eine Ableitung aus dem arabischen *al-ilah* („der Gott"), ist für Muslime der eine und einzige Gott. Er ist der Schöpfergott und nach islamischer Lehrmeinung schloss er schon beim Schöpfungsakt des Menschen mit diesem einen Bund. Wie der Koran (Sure 7, Vers 172) berichtet, fragte Gott die Menschen vor ihrer Schöpfung „Bin ich nicht euer Herr?" Worauf diese erwiderten: „Jawohl, wir bezeugen es."[1] Dieser Dialog zwischen Gott und dem noch ungeschaffenen Menschen beschreibt das Verhältnis zwischen Gott und Mensch als ein Verhältnis zwischen Herr und Diener. Anders als im Judentum und dem aus ihm hervorgegangenen Christentum, mit denen der Islam, wie wir sehen werden, sehr viel gemein hat, ist der Bund zwischen Allah und dem Menschen kein Bund, der von einem Volk oder von einem einzelnen Menschen individuell mit Gott geschlossen wird. Der Mensch ist als Geschöpf Gottes unwiderruflich an ihn gebunden, hat sich ausdrücklich hierzu bekannt und wird auf der Grundlage dieses vor-

1 Alle Koranzitate folgen der Koranübersetzung von Rudi Paret (Verlag W. Kohlhammer, Stuttgart Berlin Köln Mainz 1962), wobei die dortigen Klammern zum Teil weggelassen wurden.

geschichtlichen Bekenntnisses am Jüngsten Tag gerichtet werden. „Islam“ ist die Bezeichnung dieses Bundes, der nach muslimischer Überzeugung im Lauf der Geschichte immer wieder erneuert wurde. Adam, Abraham, Moses und Jesus werden dabei als **Propheten** anerkannt, denen Gottes Botschaft offenbart worden ist.

Das vorislamische Arabien

Arabien, mit einer Fläche von ungefähr einem Drittel derjenigen Europas, ist landschaftlich von seinen Wüsten und Steppen geprägt. Zu Beginn des 7. Jahrhunderts waren die dominierenden Wirtschaftsformen Viehzucht, Ackerbau, und Handel. Mit Abstrichen mag man hier auch den Raubüberfall zwischen verfeindeten Stämmen als Einnahmequelle anführen. Die Gesellschaft Arabiens war nach Stämmen und Klans organisiert und die Solidarität zur eigenen Gruppe oberste Pflicht, weshalb es oft zu Blutfehden kam. Die Position des Einzelnen wurde durch seine Stammeszugehörigkeit und die soziale Stellung innerhalb des Stammesverbandes definiert.

Religiös war das südliche Arabien um 600 n. Chr. von zahlreichen Kulten um Götter und vor allem Göttinnen mit meist nur regionaler Bedeutung geprägt. In der Regel hatten die verschiedenen Stämme ihre eigenen Gottheiten, die sie mit Opfergaben – vor allem Schlachtopfer – und Wallfahrten ehrten und von denen sie sich Schutz und eine günstige Beeinflussung des Schicksals erhofften. Tieropfer und Wallfahrt finden sich auch im Islam. Religionsgeschichtlich betrachtet kann man sagen, dass der Islam auch Kult- und Glaubenselemente vorislamischer arabischer Religiosität übernommen hat. Dabei wurden Elemente vorislamischer Religiosität modifiziert und/oder mit neuen Bedeutungen belegt und so in den Zusammenhang der neuen Religion stimmig eingepasst. Der Islam hat also keineswegs mit allen vorislamischen Bräuchen und Anschauungen gebrochen, wie es die muslimische Geschichtsschreibung behauptet.

Dschahiliya

Die muslimische Geschichtsschreibung bezeichnet die Zeit des vorislamischen Arabiens als *Dschahiliya*, als „Zeit der Unwissenheit". Der Ausdruck *Dschahiliya* wird heute von Muslimen auch im übertragenen Sinne verwendet: Er benennt dann eine Zeit, in der der Mensch falschen Göttern dient und seine eigentliche Berufung als sich zu Gott bekennendem Geschöpf, das heißt als Muslim, vergessen hat oder – noch schlimmer – ignoriert.

Von den zu vorislamischer Zeit in der weiteren Umgebung der westarabischen Handelsstadt **Mekka** verehrten Gottheiten sind drei im Koran (s. S. 11 f.) erwähnt: die weiblichen Gottheiten Manat, al-Lat und al-Uzza. Es ist kein Zufall, dass diese Göttinnen zusammen genannt werden. Sie repräsentieren das politische Kräfteverhältnis Arabiens zu Beginn des 7. Jahrhunderts. Manat war die Gottheit der Nordaraber, al-Lat die Göttin der Araber des arabischen Hochlandes und al-Uzza wurde insbesondere von dem über Mekka herrschenden Stamm der Quraysch verehrt. Das Trio war, wie viele andere Götterbilder auch, in der **Kaaba** (s. S. 45) in Mekka aufgestellt. Die Kaaba war das wichtigste Heiligtum der Region und Ziel einer jährlichen Wallfahrt, die, verknüpft mit einem großen Handelsmarkt, nicht unwesentlich zur damaligen regionalpolitischen Bedeutung und dem Reichtum Mekkas beitrug. Die Anerkennung der Kaaba als wichtigstes arabisches Heiligtum entsprach der Anerkennung der Vormachtstellung der Quraysch. Dennoch scheint es nicht so, als ob die arabische Gesellschaft um 600 sehr religiös geprägt gewesen wäre. Der hauptsächliche Widerstand, der dem Propheten der neuen Religion entgegengebracht wurde, speiste sich aus der Sorge um die Aufrechterhaltung der wirtschaftlichen und politischen Machtverhältnisse.

Muhammad und die Offenbarung des Koran

Muhammad erblickte um 570 als Sprössling eines unbedeutend gewordenen Seitenarmes des Stammes der Quraysch in Mekka das Licht der Welt. Schon früh verwaist, wurde er von seinem Onkel Abu Talib großgezogen. Wie viele Mekkaner verdingte auch Muhammad sich als Händler. Als Karawanenführer arbeitete er für die reiche Witwe Chadidscha, die er im Alter von 25 Jahren heiratete. Obwohl Chadidscha zu diesem Zeitpunkt schon 40 Jahre alt war, gingen aus ihrer Ehe noch 4 Kinder hervor. Chadidscha erwies sich als große Stütze Muhammads, der bis zu ihrem Tod, als er schon 50 Jahre alt war, strikt monogam lebte. Erst danach hatte er mehrere Ehefrauen gleichzeitig, wobei viele dieser Ehen in erster Linie politische Allianzen besiegelten. Seine erste Offenbarung hatte Muhammad im biblischen Alter von 40 Jahren. Er pflegte sich regelmäßig zur Meditation auf den nördlich von Mekka gelegenen Berg Hira zurückzuziehen. Die muslimische Überlieferung berichtet uns, dass ihm hier, in einer Nacht des Monates Ramadan, die Muslime als „Nacht der Bestimmung" verehren (s. S. 41), der Erzengel Gabriel entgegentrat und ihn zur Wiedergabe des Koran aufforderte:

„Trag vor im Namen deines Herrn, der erschaffen hat,
den Menschen aus einem Embryo erschaffen hat!
Trag vor! Dein höchst edelmütiger Herr ist es ja,
der den Gebrauch des Schreibrohrs gelehrt hat,
den Menschen gelehrt hat, was er zuvor nicht wusste."
(S 96, 1–5)

Aus diesen Koranworten wird ersichtlich, dass Muhammad Muslimen weder als Autor noch als Interpret der Offenbarung gilt. Er ist lediglich das „Sprachrohr", welches das Wort Gottes getreu wiedergibt. Muhammad, der bis zu seinem Tod im Jahr 632 Offenbarungen empfing, soll weder des Lesens noch des Schreibens mächtig gewesen sein. Dies wird von Muslimen als Beweis dafür herangezogen, dass er unmöglich selbst der Autor des Koran gewesen sein könne.

Der Koran

Der Koran, das „Buch Gottes", ist in 114 **Suren** (Kapitel) von unterschiedlichem Umfang unterteilt. Die kürzeste Sure umfasst nur 3, die längste 286 Verse (*ayat*, wörtlich: „Zeichen"). Er wurde Muhammad zwischen 610 und 632 offenbart, gilt jedoch als zeitlos existierend. Der heute von fast allen Muslimen anerkannte Text soll auf einer unter dem **Kalifen Usman** (644–656) angeordneten Zusammenstellung basieren. Jedoch gab es auch noch danach hiervon geringfügig abweichende Textversionen.

Die einzelnen Suren des Koran sind nicht chronologisch, sondern – mit Ausnahme der ersten Sure – nach ihrer Größe, und zwar in absteigender Folge, geordnet. Stilistisch unterscheiden sie sich beträchtlich. Sind die frühen, in Mekka offenbarten Suren relativ sprachgewaltig, so haben die Suren aus der späteren Offenbarungsphase in Medina einiges von dem früheren Schwung verloren. Während die frühen Suren in Reimform verfasst und relativ kurz und prägnant gehalten sind, sind die späteren Suren durchweg in Prosa und beträchtlich länger und ausschweifender. Unterschiedliche Textgattungen können bestimmt werden: Hymnen, Gebete, Gesetzestexte, Predigten und Gleichnisse. Die frühen Suren, die sich auch an Nicht-Muslime wenden, sind erfüllt von missionarischer Kraft, drohenden Gleichnissen und religiösen Belehrungen. Die späteren Suren hingegen, offenbart in Medina, wo der Islam zum alles regelnden Prinzip des Gemeindelebens wurde, setzten sich hauptsächlich mit politischen Fragen des sozialen Zusammenlebens auseinander.

Nicht nur der Inhalt, sondern auch die Form, das heißt die Sprache des Koran, gilt Muslimen als perfekt. Da der Koran Gottes unmittelbares Wort darstellt, erfährt die Sprache des Koran, Arabisch, in der ganzen islamischen Welt eine besondere Wertschätzung. In der islamischen Geschichte wurde die Beschäftigung mit dem Koran früh zu einer eigenen Wissenschaftsdisziplin und hat sprachwissenschaftliche Fächer, wie Rhetorik und Grammatik, nachhaltig ge-

prägt. Die muslimische Koranwissenschaft brachte umfangreiche Korankommentare hervor, von denen die wichtigsten zwischen dem 10. und dem 15. Jahrhundert verfasst wurden. Das Dogma des Koran als unverfälschtes Gotteswort beschränkt die Koranauslegung weitgehend auf sprachwissenschaftliche Fragen. Zur Klärung einzelner unklarer Textstellen können wiederum nur andere Stellen des Koran selbst herangezogen werden. Wer den Koran als historischen Text betrachtet und als Zeitdokument untersucht, macht sich der Meinung vieler Theologen zufolge der Gotteslästerung schuldig. Denn der Koran gilt als ungeschaffen, als eine Kopie einer bei Gott aufbewahrten zeitlosen Urschrift.
Es ist in der islamischen Welt hoch angesehen, den Koran auswendig zu lernen. Wer diese Übung vollständig beherrscht, gilt als Hafiz („Bewahrer"). Die Wiedergabe des Koran hat sich zu einer eigenen religiösen Kunstform entwickelt. Bereits dem Klang der koranischen Worte wird eine besondere Wirkung zugesprochen. Als direktes Wort Gottes kann der Koran nach traditioneller muslimischer Auffassung nicht eigentlich übersetzt werden. Von Muslimen herausgegebene Übersetzungen werden deshalb nicht Koran genannt, sondern zum Beispiel „die Bedeutung des Koran auf Türkisch".

In den koranischen Offenbarungen aus Mekka (610–622) finden sich viele, leicht veränderte biblische Geschichten wieder, die vom grausamen Schicksal der Völker berichten, die ihre Propheten abgelehnt und somit ihre eigene Vernichtung zu verantworten hätten. Mehr oder weniger direkt wird die bestehende soziale und wirtschaftliche Ordnung angeklagt. Der neue Glaube setzte sich dagegen vor allem für die sozial Benachteiligten ein, verlangte einen besonderen Schutz für Waisen und Witwen und mehr Rechte für Sklaven und Frauen. Das durch die alten Stammesgötter gesicherte politische und wirtschaftliche Kräfteverhältnis wurde indirekt in Frage gestellt. Es überrascht nicht, dass Muhammad,

der den Sittenverfall und den Götzendienst seiner Landsleute anklagte und sie zur Umkehr und zum Bekenntnis zu dem einen und alleinigen Gott mit Namen Allah aufrief, zunächst auf wenig Wohlwollen stieß: Das Establishment sah seine Privilegien in Gefahr. Ein Wegfall des jährlichen Wallfahrtsmarktes hätte die wirtschaftliche Vormachtstellung Mekkas bedroht. Die Götterbilder im arabischen Heiligtum der Kaaba repräsentierten das Machtverhältnis der arabischen Stämme. Muhammads Angriff auf den Polytheismus (Verehrung mehrerer Gottheiten) stellte somit zugleich die politischen Ordnungsstrukturen in Frage. Vor diesem Hintergrund erscheint es wenig erstaunlich, dass die neue Lehre wenig öffentlichen Zuspruch erfuhr. Muhammads Anhängerschaft wuchs in Mekka zunächst nur sehr langsam.
Dass Muhammad zu dieser Zeit von den Mekkanern nicht angegriffen wurde, war wohl überhaupt nur dem Einfluss seiner mächtigen Frau sowie seines Onkels und Stiefvaters Abu Talib zu verdanken, die ihn unterstützten. Mit ihrer beider Tod im Jahr 619 verschärfte sich die Situation der jungen muslimischen Gemeinde in Mekka jedoch drastisch. Die neue Gemeinschaft sah sich bereits von Verfolgung bedroht, als sich die Lage erneut veränderte: Muhammad wurde von verfeindeten Stämmen aus dem gut 250 km nördlich von Mekka gelegenen Yathrib (später: Medina) eingeladen, eine Stammesfehde zu schlichten. Er willigte ein, und zog mit denjenigen seiner Getreuen, die nicht vorher schon in sicherere Gegenden ausgewandert waren, nach Medina.

Der Auszug nach Medina – Beginn der islamischen Zeitrechnung

Die **Hidschra**, der „Auszug“ der muslimischen Kerngemeinde von Mekka nach Medina im Jahr 622, markiert für den Islam eine neue Zeitrechnung. 622 ist für den muslimischen Kalender das Jahr Null. Es repräsentiert den Beginn der islamischen Gemeinschaft *(umma)* als Glaubens- *und* Sozialgemeinschaft.

Bereits vor der Hidschra hatten sich in Medina Muslime angesiedelt. Mit seiner Position als Schlichter gewann Muhammad eine politische Autorität, die er erfolgreich auszubauen wusste. Muhammad war nun nicht mehr nur der Anführer einer kleinen religiösen Erneuerungsbewegung. Er wurde schnell auch zum politischen Führer und seine Anhängerschaft sowie sein Einfluss wuchsen beträchtlich. Von Medina aus nahm die Entstehung eines islamischen Staatswesens daher ihren Anfang.

Nach jahrelangen – auch militärischen – Auseinandersetzungen wurden umliegende Stämme und vor allem Mekka unterworfen und dem entstehenden politischen Herrschaftsgebiet des Islam einverleibt. Es gab jedoch auch friedliche Allianzen mit Stämmen, die die Herrschaft Muhammads anerkannten. Sie schlossen sich der neuen Religion an oder ak-

„Die Gemeindeordnung von Medina“ – fünf zentrale Vertragspunkte:

1. Muslime und Nichtmuslime (Juden) bilden eine einzige Gemeinschaft *(umma)*.
2. Jeder Klan der Gemeinschaft ist für seine Angehörigen verantwortlich.
3. Bei Verbrechen steht die Treue zur Gemeinschaft über der Treue zum jeweiligen Stamm.
4. Die Gemeinschaft hält im Kampf gegenüber „Ungläubigen“ (Heiden) zusammen.
5. Juden sind Teil der Gemeinschaft und dürfen ihre Religion behalten.

Die Gemeindeordnung bezieht nicht nur Juden ein, sondern grenzt sie auch ausdrücklich gegenüber „Ungläubigen“ ab. Des Weiteren ordnet sie die Solidarität zum Stamm der Solidarität gegenüber der politischen Gemeinschaft unter und verlangt absolute Anerkennung des Vorrangs des politischen Bundes.

zeptierten als Juden zwar die politische Führung Muhammads, behielten aber zunächst ihre eigene Religion bei. In der so genannten Gemeindeordnung von Medina, dem überlieferten politischen Bundesdokument der Stämme von Medina, ist dieses **Prinzip des Zusammenlebens von Juden und Muslimen** festgehalten.
Durch seine Tätigkeit als Karawanenführer war Muhammad schon vor seiner prophetischen Berufung in Kontakt mit Juden und Christen gekommen. Ihre Lehren dürften ihm, der er in religiösen Fragen offen und interessiert war, zumindest teilweise vertraut gewesen sein. Als er 622 nach Medina kam, das im Gegensatz zu Mekka auch von jüdischen Stämmen bewohnt war, war Muhammad noch fest davon überzeugt, dass seine Lehre mit denjenigen von Juden und Christen übereinstimmte. Allerdings stellten die Juden von Medina, die Muhammad zunächst als natürliche Verbündete betrachtet hatte, den Koran als göttliche Botschaft zunehmend in Frage und behaupteten, dass der von Muhammad verkündete Glaube mit ihrem Glauben nicht identisch sei. Muhammad war schwer enttäuscht und bezichtigte die Juden, die ursprünglich reine koranische Offenbarung wissentlich verfälscht zu haben.
Die Beziehungen zwischen Muhammad und den jüdischen Stämmen Medinas und der Umgebung verschlechterten sich so drastisch, dass die Angehörigen der jüdischen Stämme entweder emigrierten oder getötet wurden. Diese tragische Entwicklung wird in der muslimischen Geschichtsschreibung mit Vertragsbrüchen und Verrat von Seiten der jüdischen Partner erklärt. Da die Bevölkerung des arabischen Kernlandes des Islam, gleich welchen Bekenntnisses, nur zwischen Bekehrung und Tod entscheiden konnte, wurde Arabien bald – zumindest offiziell – ganz islamisch.
Die Distanzierung vom Judentum hatte nicht nur politische, sondern auch rituelle Folgen: Hatten die Muslime anfangs wie die Juden Richtung Jerusalem gebetet, hieß die neue Gebetsrichtung *(qibla)* nun Mekka; das zehntägige rituelle Fasten *(aschura)*, das die Muslime zunächst vom jüdischen

Der Vorwurf der Schriftverfälschung

„Diejenigen, denen wir die Schrift gegeben haben, kennen sie so gut, wie sie ihre Söhne kennen. Aber zum Teil verheimlichen sie die Wahrheit, wo sie doch um sie wissen." (S 2, 146)

Der Koran wirft den Juden und Christen vor, sie hätten die Botschaft des Islam, die schon ihren Gesandten offenbart worden war, verfälscht (S 5, 12–15). Hieraus erklärten sich Unterschiede zwischen den Heiligen Schriften der Juden und Christen und dem Koran. Der Vorwurf der Schriftverfälschung wog und wiegt im Dialog der Religionen immer noch schwer. Man sollte jedoch nicht vergessen, dass der Islam Juden und Christen als „Leute der Schrift" *(ahl al-kitab)* würdigt und einem besonderen Schutz unterstellt. In der Geschichte islamischer Zivilisationen wurden Juden und Christen in der Regel toleriert und als Minderheiten mit weitgehenden Sonderrechten (und Pflichten) anerkannt. Insbesondere Juden fanden oftmals Schutz unter muslimischen Herrschern, wenn sie von Christen verfolgt wurden.

Ritus übernommen hatten, wurde schrittweise durch das einmonatige Fasten im Monat Ramadan (s. S. 41) abgelöst.
Die Auseinandersetzung und der so genannte Bruch mit den Juden ist nur eines der Themen, welche die koranischen Offenbarungen der medinensischen Periode bestimmen. Außerdem werden hier auch die „Heuchler" stark kritisiert, diejenigen also, die nur vorgeblich den Islam angenommen haben. Die Schwierigkeit, als gute Muslimin oder guter Muslim zu leben, wird dabei sehr wohl anerkannt. Gottes unendliche Barmherzigkeit ermöglicht es den Irregeleiteten jedoch, auf den „geraden Weg" zurückzukehren. Insgesamt nehmen in Medina rituelle und rechtliche Fragen weit größeren Raum ein als noch in der ersten Phase der Offenbarungen in Mekka.

Der Islam als politische Gemeinschaft

Der Islam entwickelte sich in Medina nicht nur als Glaubens- und Ritualgemeinschaft, sondern bildete auch die Grundlage einer rasch wachsenden politischen Gemeinschaft. Man muss sich hier eine Besonderheit des Islam im Vergleich mit der religionsgeschichtlichen Entstehungsphase von Judentum und Christentum vor Augen führen: Noch in der Offenbarungsphase erlangte die islamische Gemeinschaft eine politische Vormachtstellung und konnte eine staatsähnliche Struktur aufbauen. Muhammad nahm mittels seiner Offenbarungen zu diesen Problemen Stellung. Der Koran enthält darum viele Anleitungen zu praktischen Problemen der damaligen Gemeinde. So wird verständlich, weshalb der Islam – viel stärker als beispielsweise das Christentum – auch Kriterien und Regeln für die Ökonomie, das Familienrecht und die Politik entwickelte. Der Islam war nicht nur Utopie, sondern konnte weitgehend umgesetzt werden und hatte die einzigartige Möglichkeit, alle Lebensbereiche zu gestalten.

Muhammad, der Gesandte Allahs, hat sich selbst keinesfalls als Religionsstifter gesehen, sondern vielmehr als ein Religionsreformer. Der Koran war schon den Juden und Christen offenbart worden. Muhammad übermittelte ihn nur erneut in seiner originalen göttlichen Form. Das Motto seiner universalen Botschaft war also weniger Bekehrung zum Islam als vielmehr Rückkehr zum Islam.

Muhammad als religiöses Vorbild

Muhammad hinterließ der muslimischen Gemeinde den unsortierten Koran mit all seinen Regelungen kultischer Dinge, seiner religiösen Lehre, aber auch seinen Steuerbestimmungen und seinen sozialpolitischen Vorgaben. Häufig lösten sich zu Muhammads Lebzeiten schwierige Situationen durch neue Offenbarungen. Mit seinem Tod jedoch war die Phase der Offenbarung abgeschlossen und von nun an der direkte Zugang zum göttlichen Rat verhindert. Die Person

Muhammad, alles, was er getan und gesagt hatte, wurde nun zum religiösen Vorbild, dem man nacheifern sollte. Er galt sogar als Modell des „perfekten Menschen". Zwar wird von Muslimen in der Regel betont, dass Muhammad – im Gegensatz zur christlichen Vergöttlichung des Propheten Jesus von Nazareth – lediglich ein Mensch sei und ihm keine Heiligkeit zukomme: Gott allein ist heilig, und jede Vergöttlichung von Menschen gilt als Unglaube. Gleichwohl erfährt Muhammad zumindest im volkstümlichen Islam dennoch häufig eine Verehrung, die über diese rationale theologische Interpretation hinausgeht. In der muslimischen Volksfrömmigkeit entwickelte sich die Figur Muhammads zu einem Kristallisationspunkt muslimischer Heiligenverehrung.

Theologisch anerkannt und gemeinhin als Indiz besonderer Frömmigkeit ausgewiesen, ist hingegen die Nachahmung der **Sunna** des Propheten Muhammad, das heißt seiner Taten und Gewohnheiten – wobei die auf Imitation basierende Frömmigkeit auch ihre innerislamischen Kritiker und gar Spötter findet.

Muhammad gilt als Musterbeispiel eines frommen Muslims: „Im Gesandten Gottes habt ihr doch ein schönes Beispiel – alle haben in ihm ein schönes Beispiel, die auf Gott hoffen und sich auf den jüngsten Tag gefaßt machen und Gottes ohne Unterlaß gedenken." (S 33, 21) Muhammads Aussprüche und Taten werden im **Hadith** („Bericht") überliefert.

Eine als übertrieben empfundene Frömmigkeit hat im Islam immer auch ihre Kritiker gefunden. In den witzigen Anekdoten von Nasreddin Hodscha zum Beispiel, einer Art islamischem Till Eulenspiegel, Narr und Heiliger zugleich, bekommt auch die Sunna ihr Fett ab. Ein Beispiel: „Ein Mann ist gerade dabei, an einem Fluss die rituelle Waschung durchzuführen, als Nasreddin Hodscha dazukommt. Der Mann fragt den Hodscha: ‚Wohin soll ich meinen Blick wenden während ich mich wasche?' Worauf der Hodscha antwortet: ‚Am besten auf deine Kleider!'"

Der Hadith („Überlieferung“, „Bericht“)

Die Aussprüche und Taten Muhammads (die Sunna) wurden zunächst mündlich und dann in der Hadith-Literatur überliefert. Sie beziehen ihre Bedeutung aus der muslimischen Überzeugung, dass Muhammad, obwohl Mensch, in Einklang mit Gottes Willen gehandelt habe. Die Beurteilung der Echtheit ist für die Bedeutung eines einzelnen Hadiths entscheidend; hieraus hat sich ein eigener Wissenschaftszweig entwickelt: die **Hadithwissenschaft**. Diese bewertet einen Hadith in erster Linie über die Zuverlässigkeit der Reihe seiner Überlieferer *(isnad)* und in zweiter Linie über seinen Inhalt *(matn)*. Für die muslimische Rechtswissenschaft *(fiqh)* stellt die Sunna die nach dem Koran zweitwichtigste Quelle dar. Im 8. und 9. Jahrhundert ist die Hadithwissenschaft systematisiert worden. Bis dahin waren unzählige Prophetenworte im Umlauf, deren Zuverlässigkeit oft recht gering gewesen sein dürfte – es war schließlich ein Leichtes, ein Hadith zu erfinden, um bestimmte Interessen zu rechtfertigen.

Im Laufe der Zeit haben sich sechs Hadith-Sammlungen durchgesetzt, die weitgehend als sehr vertrauenswürdig anerkannt sind. Die beiden Kollektionen der Hadithwissenschaftler Buchari (gest. 870) und Muslim (gest. 875) gelten Muslimen als besonders zuverlässig.

Entwicklung zur Weltreligion: Der Islam nach Muhammad

Zum Zeitpunkt von Muhammads Tod (632) beherrschten die Muslime schon fast die gesamte arabische Halbinsel (s. innere Umschlagseite). Der Islam war zu diesem Zeitpunkt eine Religion von Arabern; er gab dem politischen Bündnis der Araber ein religiöses Band. Dass dieses Band Muhammads Tod überdauern würde, war aber keineswegs absehbar, waren doch keinerlei Vorkehrungen für die Regelung der Leitung der Gemeinde nach seinem Ableben getroffen worden. Doch Muhammads Nachfolger bewiesen genügend politisches und militärisches Geschick, um die Eroberungen zu halten und den Grundstein für ein Weltreich zu legen. Zu seinem Nachfolger, **Kalifen**, wurde von einer Ratsversammlung *(schura)* Muhammads enger Gefährte und Schwiegervater **Abu Bakr** (632–634) gewählt – ein Verfahren, das von zeitgenössischen Muslimen zuweilen als Beweis für das demokratische Wesen des Islam herangezogen wird.

Der Kalif

Der Kalif („Stellvertreter") ist derjenige Muslim, der Muhammad als Anführer der islamischen Gemeinde, der **Umma**, vertritt. Das **Kalifat** hatte nach dem Tode Muhammads zunächst vordringlich zwei Aufgaben: die militärische Führung der Gemeinschaft und die Leitung des wichtigen Freitagsgebets (s. S. 40 f.). Somit war der Kalif politischer und auch religiöser Anführer der Umma. In der weiteren Geschichte entstanden politisch unabhängige muslimische Fürstentümer (**Sultanate**), die von **Sultanen** regiert wurden und für den Kalifen eine weltliche Konkurrenz darstellten. Und auch die religiöse Kompetenz des Kalifen wurde bald stark beschränkt. Mit der Herausbildung der Schriftgelehrten *(ulama)* als einer Klasse religiöser Spezialisten im 9. und 10. Jahrhundert relativierte sich die religiöse Autorität des Kalifen. Seine Rolle war zunehmend auf die Repräsentation der Umma und die religiöse Legitimierung der Sultane beschränkt – soweit letztere überhaupt bereit waren, den Kalifen anzuerkennen.

Der erste Kalif Abu Bakr war in seiner kurzen Amtszeit hauptsächlich damit beschäftigt, aufständische Beduinen zu unterwerfen, die sich nach dem Tode des Propheten nicht mehr an die mit Muhammad geschlossenen Verträge und den Islam gebunden sahen und denen vor allem das Steuersys-

tem nicht behagte. Die erfolgreichen Eroberungszüge der muslimischen Armeen und die hieraus resultierenden Beutegewinne bildeten in dieser Phase wohl das überzeugendste Argument für die Fortführung der arabischen Allianz. Die muslimischen Armeen zogen schon unter Abu Bakr bis nach Palästina und in den Irak. Noch größere militärische Erfolge errang das folgende Kalifat von **Umar** (634–644). Er eroberte Syrien, Ägypten und Teile Persiens. Auch der dritte Kalif **Usman** (644–656) setzte die Eroberungen fort; weitere Teile Persiens, das obere Mesopotamien und ein Teil Armeniens wurden in Besitz genommen.
Unter dem Kalifat Usmans machte sich aber auch Zwietracht innerhalb des islamischen Hauses breit. Schon nach dem Tode Muhammads hatten einige Muslime **Ali**, den Vetter, Schwiegersohn und langjährigen engen Begleiter des Propheten, als rechtmäßigen Kalifen angesehen. Nach dem gewaltsamen Tod Usmans konnte Ali sich zunächst durchsetzen, sein Kalifat (656–661) wurde jedoch überschattet von dem ersten innermuslimischen Bürgerkrieg: Der syrische Statthalter **Muawiya** stellte die Rechtmäßigkeit von Alis Herrschaft in Frage. Ein Schlichtungsversuch endete ohne klaren Sieger, worauf Muawiya 660 ein Gegenkalifat errichtete; nach der Ermordung Alis 661 war er schließlich alleiniger Kalif und begründete die **Dynastie der Omaijaden**, die auf Stammesverbindungen der vorislamischen arabischen Aristokratie basierte und das Kalifat bis 750 innehatte.
Die ersten vier Kalifen nach Muhammad werden in der Geschichtsdeutung der sunnitischen Richtung des Islam (s. S. 70 ff.) als die „rechtgeleiteten Kalifen" verehrt. In dieser Frühphase, vor dem Beginn der Omaijadenherrschaft, sei der Islam noch viel reiner umgesetzt worden als in späteren Zeiten, die religiös gesehen als Niedergang betrachtet werden.

Auch die Omaijaden setzten die Eroberungen fort. Anfang des 8. Jahrhunderts waren die arabischen Heere bis zum Atlantik, nach Südspanien und Indien vorgestoßen (vgl. vordere Umschlagseite). Genauso wie die Eroberungen gingen unter den Omaijaden aber auch die innermuslimischen Konflikte weiter. Die omaijadische Dynastie legitimierte sich nicht nur über den Islam, sondern auch über ihre Abstammung aus dem arabischen Stammesadel. Aus Sicht der ständig zunehmenden Zahl der nichtarabischen Muslime verstießen die Privilegien, die arabische Muslime genossen, gegen das islamische Prinzip der Gleichheit aller Muslime. Die frühislamischen asketischen Mystiker (Sufis) des Islam beklagten eine zunehmende Verweltlichung und Dekadenz der Omaijaden. Sie forderten die Besinnung auf die eigentlichen spirituellen Werte und die Rückkehr zu einem einfachen – Gott zugewandten und der Welt abgewandten – Lebensstil. Und auch die Anhänger Alis, die „Partei Alis" (*Schiat Ali* = **Schia**), die nur den Angehörigen der Familie des Propheten das Kalifenamt zubilligten, akzeptierten die Herrschaft der Omaijaden nicht. Hinzu kam, dass die radikal ethische Gruppe der **Haridschiten** die moralische Kompetenz der omaijadischen Kalifen bezweifelte. Den Haridschiten zufolge durfte nur der jeweils allgemein anerkannte untadeligste aller Muslime das Kalifenamt antreten – unabhängig von der Abstammung. Die Haridschiten („Abtrünnige") waren ursprünglich Anhänger Alis, hatten sich jedoch von ihm abgewandt (hieraus rührt ihr Name), nachdem er der Schlichtung seines Streits mit Muawiya zugestimmt hatte. Ihrer Ansicht nach hatte er mit seiner kompromisswilligen Haltung die Sache der an sich kompromisslosen Wahrheit verraten. Diese religiösen und politischen innerislamischen Konflikte führten zu einer Revolution, die das Geschlecht der Abbasiden an die Spitze brachte und die **abbasidische Dynastie** (750–1258) begründete.

Die Omaijaden wurden aus Arabien vertrieben, sie spielten aber am europäischen Rande der islamischen Welt noch eine bedeutende Rolle. Sie legten den Grundstein für eine islamische Dynastie in Spanien, die sich bis ins 11. Jahrhundert halten konnte; große Teile Spaniens blieben bis Ende des 15. Jahrhunderts islamisch.

Mit der abbasidischen Dynastie verstärkte sich der Einfluss der nicht-arabischen Muslime. Zunächst hauptsächlich persische, zunehmend dann aber auch türkische Einflüsse prägten von nun an die Entwicklung des Islam. Mit der Zeit wurde das von den Muslimen beherrschte Gebiet zu groß, um vom Kalifen in Bagdad aus zentralistisch regiert zu werden. Der Islam wurde zu einer Weltreligion. Im 10. Jahrhundert wurde in Ägypten das **schiitische Reich der Fatimiden** gegründet, im 11. Jahrhundert wurde Lahore zur Hauptstadt des **persisch geprägten Ghaznawidenreiches** auf dem indischen Subkontinent. Ebenfalls im 11. Jahrhundert entstand das **Reich der türkischen Seldschuken**, das sich in seiner Blütezeit über den Iran, Irak und Syrien, weite Teile Arabiens und Kleinasiens ausdehnte. Die Begründung einer **seldschukischen Dynastie in Kleinasien** (1077) markiert den Beginn der türkischen Nachbarschaft zu Europa. Aus den Trümmern der durch den **Einfall der Mongolen** um die Mitte des 13. Jahrhunderts zerschlagenen seldschukischen Herrschaft über Anatolien ging zu Beginn des 14. Jahrhunderts das für die Geschichte Europas so bedeutsame **Osmanische Reich** (s. S. 25 ff.) hervor, das mehr als sechs Jahrhunderte Bestand hatte. Erst im Jahr 1923 mit der Ausrufung der Republik Türkei ist es endgültig Geschichte geworden.
Der als **„Mongolensturm"** in die Geschichte eingegangene Überfall der islamischen Welt durch die mächtigen mongolischen Reiterheere aus Zentralasien hatte noch weitere verheerende Folgen. Nicht nur, dass die Mongolen 1258 Bagdad zerstörten und das Abbasidische Reich vernichteten – welches um diese Zeit allerdings nur noch formale Bedeutung hatte, da die faktische Macht in den Händen regionaler Sultane lag. Durch Plündern und Brandschatzen der persischen, türkischen und arabischen Zivilisationen wurden auch viele bedeutsame Bibliotheken und Wissenschaftszentren zerstört. Nur Syrien und das **Sultanat der Mamluken** in Ägypten blieben von der Verwüstung verschont.

Ibn Khaldun (1332–1406) **Kurzporträt**

Rechtsgelehrter, Historiker und Staatsmann

„Innerlich besehen, besteht die Geschichte aus philosophischer Einsicht und kritischer Prüfung, aus genauer Begründung aller Dinge und ihrer Grundlagen sowie tiefem Wissen um das Wie und Warum der Geschehnisse."

Ibn Khaldun gilt als erster Historiker, der sich nicht nur der Geschichtsschreibung, sondern auch der Frage nach den Gründen für Aufstieg und Verfall der islamischen Herrscherdynastien gewidmet hat.

Die Familie Ibn Khalduns gehörte zur politischen Elite der spanischen Stadt Sevilla, aus der sie aufgrund der Verfolgung der Muslime Anfang des 14. Jahrhunderts nach Tunesien floh. Ibn Khaldun wurde 1332 in Tunis geboren. Er studierte dort Arabisch, Koran- und Hadithwissenschaft sowie islamisches Recht. Eigentlich sollte er eine politische Verwaltungskarriere am Hof von Tunis durchlaufen. Doch Ibn Khaldun trieb es hinaus und so arbeitete er für verschiedene zum Teil verfeindete Herrscherhäuser, was ihm nicht nur Freunde, sondern auch einige Gefängnisaufenthalte einbrachte. 1382 kam Ibn Khaldun nach Kairo, wo der Mamlukensultan Barquq den inzwischen bekannten Gelehrten mit Ehren empfing. Khaldun wurde oberster Richter der wichtigsten Rechtsschule in Kairo, der Malikiten. Sein Hauptwerk, die „Muqaddima", die theoretische Einleitung zu seiner breit angelegten Universalgeschichte der islamischen Dynastien, hatte er bereits geschrieben. Darin legte er seine Theorie vom Aufstieg und Fall der Dynastien dar. Ein entscheidender Faktor des Aufstiegs ist danach die **Asabiyya**, was im weiteren Sinne „mit Bewusstsein der Zusammengehörigkeit" oder „Identität als Gemeinschaft" übersetzt werden kann. Der Einfluss der Asabiyya halte – so Khaldun – nur etwa drei Generationen, dann schwäche sich die Dynastie in der Regel selbst durch gestiegenen Luxus, tyrannische Herrschaft, Abhängigkeit von Personen außerhalb der Asabiyya u. a. Während sich die Gesellschaft dabei durchaus weiterentwickeln könne, sterbe das Herrscherhaus im Zuge eines solchen Verfalls ab und werde durch eine neue Dynastie ersetzt.

Als sich im letzten Drittel des 19. Jahrhunderts in Europa die Soziologie entwickelte, wurde Ibn Khaldun zu einem ihrer geistigen Väter erklärt. In der arabischen Welt war das Werk Khalduns ebenfalls lange einflussreich. So beriefen sich noch zu Beginn des 20. Jahrhunderts arabische Gelehrte auf seine Theorie: Sie hofften, dass der europäische Kolonialisierungsdrang – ebenso wie Khaldun es für die arabischen Dynastien beschrieben hatte – nur von begrenzter Dauer sei und nach einer bestimmten Zeit sein Ende finden würde.

Die islamfeindliche Haltung der Mongolen veränderte sich schon bald. Nachdem die mongolischen Herrscher selbst um 1300 den Islam angenommen hatten, entwickelten sich einige von ihnen zu bedeutenden Förderern der Künste (Architektur, Miniaturmalerei, Kalligraphie) und Wissenschaften. Mongolische Reiche spannten sich von China bis nach Osteuropa. Im 16. Jahrhundert errichtete ein Nachfahre der Mongolen das mächtige **Moghulreich**, das einen Großteil des indischen Subkontinents umfasste. Selbst wenn das Moghulreich in der Mitte des 19. Jahrhunderts zusammenbrach, so bildete die lange Präsenz doch den Ausgangspunkt für die Ausbreitung des Islam in Indonesien, dem Land, in dem heute so viel Muslime leben wie nirgendwo anders.
Neben den größten und einflussreichsten muslimischen Zivilisationen in Arabien, Persien, Kleinasien, Indien und Nordafrika hat sich der Islam auch in West- und Ostafrika, in Zentralasien und Westchina fest etabliert. In Persien war schon im 16. Jahrhundert mit der **Herrschaft der Safawiden** ein weiteres islamisches Großreich entstanden; das Reich der Safawiden bekannte sich jedoch im Unterschied sowohl zu den **Osmanen** im Westen und den **Moghulen** im Osten zur **Zwölferschia** (s. S. 73 ff.), die noch heute die Staatsreligion des Iran ist.

Die Osmanen

Die türkische Dynastie der Osmanen entstand um 1300 unter der Führung Osmans (gest. 1326) aus einem in Westanatolien, an der Grenze zu Byzanz, beheimateten Nomaden-

klan. Vor allem durch Gaza, die gewaltsame Expansion des islamischen Herrschaftsgebiets, vergrößerten sie ihren Einflussbereich rasch und entwickelten sich zum mächtigsten türkischen Fürstentum Anatoliens. Die Osmanen begnügten sich jedoch nicht mit Anatolien. 1453 eroberten sie Konstantinopel, das von nun an Istanbul genannt wurde. Sie hatten somit das Oströmische Reich (Byzanz) endgültig besiegt. Noch deutlicher dürften sich die osmanischen Siegeszüge in Osteuropa und die zweimalige Belagerung Wiens (1529 und 1683) in das europäische Geschichtsbewusstsein eingeschrieben haben. Wo die Osmanen einmal herrschten, verhielten sie sich christlichen und jüdischen Minderheiten gegenüber allerdings relativ tolerant; es war keine Seltenheit, dass Juden und Christen höhere Positionen im osmanischen Staatsapparat erreichten. Im 16. Jahrhundert, unter **Sultan Süleyman** „dem Prächtigen" (1520 – 1566), erreichte das Osmanische Reich den Höhepunkt seiner Macht: Die Osmanen herrschten in 3 Kontinenten – von Nordafrika über Ägypten bis zum Jemen, von Ungarn über weite Teile Osteuropas und Kleinasiens bis an den persischen Golf. Wie unter ihrem türkischen Vorgängerreich in Anatolien, dem Seldschukischen Reich, so entstanden auch unter den Osmanen herrliche architektonische Kunstwerke wie der **Süleymaniye Moscheekomplex in Istanbul**.
Vom ausgehenden 16. Jahrhundert an verloren die Osmanen jedoch gegen die aufstrebenden Mächte Europas militärisch, politisch und wirtschaftlich an Boden. Ab Ende des 18. Jahrhunderts mussten sie Stück für Stück ihres Territoriums abtreten. Nach dem an der Seite Deutschlands verlorenen Ersten Weltkrieg wurde das verbliebene anatolische und westthrakische Restgebiet des Osmanischen Reichs von den alliierten Siegermächten besetzt. Das Osmanische Reich existierte nur noch auf dem Papier. De facto war die osmanische Regierung völlig dem Diktat der Alliierten unterworfen. Einer nationalen Widerstandsbewegung, die von dem desertierten General **Mustafa Kemal Atatürk** (s. Kurzportrait) organisiert und angeführt wurde, gelang es schließlich

1922, die Alliierten zu besiegen. Die national-säkularen türkischen Reformer um Atatürk schafften 1922 das Sultanat und 1924 das Kalifat ab. Mit der Ausrufung der Türkischen Republik 1923 war die Geschichte des Osmanischen Reiches beendet.

Kurzporträt

Mustafa Kemal Atatürk (1881–1938)
Türkischer Staatsgründer

– „Wie glücklich ist derjenige, der sagen kann: ‚Ich bin ein Türke'."

Seit dem Tod Mustafa Kemal Atatürks sind mittlerweile 65 Jahre vergangen. Seiner Gegenwart in der Türkei tut dies jedoch keinen Abbruch: Bilder, Büsten, Statuen oder auch Zitate Atatürks begleiten den türkischen Staatsbürger auf Schritt und Tritt – Atatürk ist *das* Symbol des säkularistischen türkischen Nationalismus.
Mustafa Kemal Atatürk ist ein Kind Europas. Er wurde 1881 im heutigen Thessaloniki, damals unter osmanischer Herrschaft, geboren. Sein Vater war Zollbeamter; beide Elternteile entstammen frommen, traditionellen Familien. Seine Eltern nannten ihn Mustafa; seinen zweiten Namen, *Kemal*, „der Vollkommene", erhielt er von einem Mathematiklehrer auf der Militäroberschule, die er besuchte. Der Lehrer hieß ebenfalls Mustafa und wollte Verwechslungen vorbeugen. Mustafa Kemal durchlief eine klassische spätosmanische Militärlaufbahn und brachte es bis zum General *(Pascha)*.
Der Name Mustafa Kemal ist untrennbar mit der Gründung der Republik Türkei verbunden. Nach dem Ersten Weltkrieg, als das Osmanische Reich vor seiner völligen Auflösung stand, organisierte er von 1919 an eine Nationale Unabhängigkeitsbewegung, die mittelbar zur Gründung der Republik Türkei führen sollte. Von der Ausrufung der Republik (1923) bis zu seinem Tod 1938 war er Staatspräsident der Türkei. Er war der maßgebliche Motor für die Umwandlung einer weitgehend auf religiösen Werten und Normen

basierenden Gesellschaft in eine säkulare Republik. Die Religion wurde Schritt für Schritt ins Private verdrängt – ein Prozess, der schon im späten Osmanischen Reich begann und in der Republik weiter vorangetrieben wurde:

- Das Sultanat wurde abgeschafft und durch die republikanische Staatsform ersetzt (1922).
- Das Kalifat (s. S. 20) wurde abgeschafft (1924) – die universale (sunnitische) islamische Gemeinschaft *(umma)* ist seither ohne formalen Repräsentanten.
- Die mystischen Orden sowie Praktiken und Kleidungen der Sufis wurden verboten, die Konvente der Orden geschlossen (1925).
- Bestimmte „orientalische" Kleidungsstücke wurden verboten und durch „westliche" ersetzt. Die „Hut-Reform" von 1925 verbot z. B. den Fes und verordnete den Türken stattdessen „moderne" europäische Hut-Tracht.
- Der islamische Mondkalender wurde durch den gregorianischen Kalender ersetzt (1925).
- Die arabische wurde durch die lateinische Schrift ersetzt (1928).
- Das Erziehungswesen und das Rechtssystem wurden radikal säkularisiert.

Im Zuge der allgemein verbindlichen Einführung von Familiennamen 1934 verabschiedete das Türkische Parlament ein Gesetz, das Mustafa Kemal den Ehrennamen *Atatürk*, „Vater der Türken", zusprach. Dieser Name ist seither gesetzlich verbürgt allein ihm vorbehalten. Er drückt den großen Respekt und die Demut aus, die viele Türken noch heute ihm gegenüber empfinden.
Militärisches und diplomatisches Geschick, gepaart mit einem visionären, aber nüchternen Blick für das politisch Machbare, waren die wesentlichen Charaktereigenschaften, die Atatürk für seine geschichtsträchtige Rolle qualifizierten. Mustafa Kemal war kein Vorzeigedemokrat. Er war vielmehr ein Machtpolitiker mit sehr autoritären Zügen, der Oppositionsbewegungen bisweilen äußerst brutal entgegentrat. Die Basis für eine säkulare, moderne Türkei zu schaffen war sein Lebenswerk und seine historische Leistung. Atatürk verstarb 1938. Sein Todestag, der 10. November, ist seither ein Nationalfeiertag in der Türkei.

Die Lehren des Koran

Trotz der gemeinsamen Berufung auf den Islam entwickelten sich muslimische Zivilisationen – vergleichbar dem Christentum mit all seinen verschiedenen Gruppierungen und regionalen Besonderheiten – im Lauf der Geschichte sehr unterschiedlich. Der gelebte Islam hat, je nach kulturellem Kontext, sehr unterschiedliche Ausdrucksformen angenommen, sowohl in Bezug auf die Interpretation der islamischen Lehre als auch in Bezug auf die religiöse Praxis. Von fast allen Muslimen aber zumindest formal anerkannt blieben überall die genau festgelegten **islamischen Pflichten** (s. S. 33 ff.), die Inhalte der koranischen Lehre und die Gültigkeit der im 9. und 10. Jahrhundert festgeschriebenen Prinzipien zur Auslegung des islamischen Rechts *(scharia)*.

Das islamische Gottesbild

„Ich bekenne, dass es keinen Gott gibt außer Allah und dass Muhammad sein Gesandter ist" – so lautet das islamische Glaubensbekenntnis, die **Schahada**. Das Bekenntnis zur Einheit und Einzigkeit Gottes *(tawhid)* ist, ausgedrückt im ersten Teil der Schahada, elementares Glaubensprinzip des Islam und die erste der fünf Pflichten eines jeden Muslims (s. S. 34). Der Koran verbietet den Glauben an andere Götter außer Allah ausdrücklich: Nach Auffassung der **sunnitischen** Lehrmeinung (s. S. 70 ff.) darf nichts außer Gott, weder Personen (nicht einmal Muhammad) noch Gegenständen (eine gewisse Ausnahme bildet der Koran als urewiges Wort Gottes) Heiligkeit zugesprochen werden. Eine solche „Beigesellung" *(schirk)* gilt als schlimmer Frevel, als Häresie. Die Betonung der Einheit Gottes muss religionsgeschichtlich

Kalligrafie des islamischen Glaubensbekenntnisses

mit dem arabischen Polytheismus, dem Glauben an mehrere Götter, zur Zeit Muhammads erklärt werden, gegen den sich der Koran richtete. Schon früh wurde das Dogma des Tawhid auch als Argument gegen das Christentum verwendet, dessen Vorstellung einer Dreifaltigkeit Gottes – insbesondere die Verehrung des Nazarener Propheten Jesu als Gottes Sohn – man als *schirk* auslegte.

„Christus Jesus, der Sohn der Maria, ist nur der Gesandte Gottes und sein Wort, das er der Maria entboten hat, und Geist von ihm. Darum glaubt an Gott und seine Gesandten und sagt nicht von Gott, dass er in einem drei sei! … Gott ist nur ein einziger Gott. Gepriesen sei er! Er ist darüber erhaben, ein Kind zu haben." (S 4, 171)

Zur Erklärung des radikalen Monotheismus des Islam wird immer wieder auf die Bekanntheit der monotheistischen Religionen des Judentums und des Christentums im vorislamischen Arabien verwiesen. Im Koran werden jedoch auch arabische Monotheisten, die so genannten Hanifen, erwähnt. Schon diese verehrten Allah als den einzigen Gott. Der Glaube an den einen Gott mit Namen Allah war den Arabern also nicht fremd.

Wie aus dem Glaubensbekenntnis hervorgeht, kommt auch Muhammad als dem Gesandten Gottes eine zentrale Bedeutung zu. Muhammad wird im Koran als das **„Siegel der Propheten"** (S 33, 40) bezeichnet, um zu unterstreichen, dass er der letzte in der Reihe der vom Islam anerkannten Propheten – angefangen bei Adam über die Propheten des Alten Testaments bis hin zu Jesus – ist, dem der Koran offenbart wurde. Deshalb kommt ihm unter den Propheten eine ausgezeichnete Stellung zu. Der Muslim verpflichtet sich über die Schahada hinausgehend dazu, an Gottes Engel, die Gesandten Gottes und die ihnen überbrachten Offenbarungen sowie an den Jüngsten Tag zu glauben.

Gott und Mensch

Besonders in den frühen Verkündigungen des Koran tritt uns Gott als gestrenger Weltenrichter des Jüngsten Gerichtes entgegen. Gottes- und Menschenbild sind im Islam eng miteinander verwoben. Der Mensch ist das hervorragende Geschöpf Gottes und dessen ausgewählter Stellvertreter auf Erden. Sogar die Engel sind dem Menschen untertan. Der Mensch, der sich, wie die islamische Schöpfungsgeschichte erzählt, schon vor seiner physischen Erschaffung zum Bund mit Gott bekannt hat, ist diesem am Ende der Tage Rechenschaft schuldig. Wie im Judentum und im Christentum umfasst auch das islamische Geschichtsverständnis eine Heilsgeschichte: Geschichte beginnt mit der Schöpfung Gottes und erreicht ihren Höhepunkt im Jüngsten Gericht. Der Mensch bewegt sich innerhalb dieses historischen Raums, in dem er beweisen muss, dass er Erlösung verdient. Anhand seiner Taten wird jeder Einzelne gemessen und dann entweder ins Paradies oder, wenn er sich vom Satan zur Sünde hat anstiften lassen, in die Hölle eingehen.

Die Paradiesgeschichte

„Und wir sagten: ‚Adam! Verweile du und deine Gattin im Paradies, und esst uneingeschränkt von seinen Früchten wo ihr wollt! Aber naht euch nicht diesem Baum, sonst gehört ihr zu den Frevlern!‘ Da veranlasste sie der Satan, einen Fehltritt zu tun, wodurch sie des Paradieses verlustig gingen, und brachte sie so aus dem paradiesischen Zustand heraus, in dem sie sich befunden hatten. Und wir sagten: ‚Geht vom Paradies hinunter auf die Erde! Ihr Menschen und der Satan seid künftig einander feind. Und ihr sollt auf der Erde euern Aufenthalt haben und Nutznießung auf eine beschränkte Zeit.‘ Hierauf nahm Adam von seinem Herrn Worte der Verheißung entgegen. Und Gott wandte sich ihm gnädig wieder zu. Er ist ja der Gnädige und Barmherzige.“ (S 2, 35–37)

In der islamischen Mythologie ist Satan der gefallene Engel Iblis, der sich weigerte, sich Adam unterzuordnen, obwohl Gott Adam – stellvertretend für die gesamte Menschheit – über alle anderen Geschöpfe gestellt hatte.

Muslime verehren Gott in seinen 99 Namen, die alle für unterschiedliche Qualitäten Gottes stehen. Der Koran betont Gottes Gerechtigkeit und seine grenzenlose Barmherzigkeit. Er betont jedoch auch seine Allmacht, seine absolute Freiheit in seinen Entscheidungen und seinem Tun. Der Mensch in seiner Unvollkommenheit muss auf die Gnade Gottes hoffen, kann sie jedoch nicht erwarten. Gott ist in seinem Walten frei und, zumindest nach der theologischen Lehrmeinung, nicht beeinflussbar. In der Widersprüchlichkeit des islamischen Gottesbildes, in dem Gott sowohl als völlig willkürlich in seinem Tun als auch als grenzenlos barmherzig erscheint, kommt nach islamischem Verständnis nur das menschliche Unvermögen, Gott zu erfassen, zum Ausdruck.

Der Mensch gilt als die Krone der Schöpfung. Er verwaltet die irdische Schöpfung treuhändlerisch und ist Gott über sein Tun Rechenschaft schuldig. Jedoch ist der Mensch, wie er uns im Koran entgegentritt, ein Geschöpf in der Krise. Er ist schwach und zweiflerisch, verzagt und leicht verführbar. Gleichwohl ist der Mensch von Natur aus gut – der Islam kennt keine Erbsünde –, seine Triebseele verführt ihn jedoch leicht zum Bösen. In seiner Beschränktheit tendiert er dazu, sein Bündnis mit Gott zu vergessen oder gar gegen Gott zu rebellieren. Es ist die Aufgabe der Propheten, den Menschen an sein Bündnis mit Gott zu erinnern und ihn auf den „geraden Weg“ zurückzuführen.

Die Religion des Islam, wie sie dem Propheten Muhammad durch den Koran offenbart wurde, wendet sich an den Einzelnen ebenso wie an die Gemeinschaft. Der Koran gibt Glaubenssätze, individuelle Pflichten und Handlungsprinzipien vor, definiert die Muslime aber auch als soziale und politische Gemeinschaft. Deshalb ist der Muslim nicht nur Gott, sondern auch der Gemeinschaft der Gläubigen gegenüber verpflichtet.

Die muslimische Lebenspraxis

Das Wort „Islam“ bedeutet im Arabischen „Hingabe“ (an Gott). Muslime verweisen auch gerne auf die Verwandtschaft des Wortes zur arabischen Wurzel für das Wort Frieden: „Salam“. Als Muslim zu leben bedeutet, die Hingabe an Gott zu praktizieren, und zwar so, wie es im Koran durch Gott an Muhammad offenbart wurde und wie Muhammad es vorgelebt hat. Am „Jüngsten Tag“, so heißt es, wird der Muslim dann an seinem rechten Handeln gemessen. Muslimische Gelehrte beschäftigen sich intensiv mit der richtigen Auslegung des religiösen Gesetzes, um rechtes Handeln zu bestimmen. Hierin sind sich der Islam und das Judentum sehr ähnlich. Darum bezeichnet man beide Religionen oft auch als Gesetzesreligionen. Im Islam gilt allerdings nur diejenige religiöse Handlung als gottgefällig, die mit aufrichtiger Absicht *(niya)* durchgeführt wird. Viele Muslime sprechen vor nichtreligiösen Handlungen die Basmala, „Im Namen des barmherzigen und gnädigen Gottes“, und geben somit auch Alltagshandlungen einen religiösen Sinn. Diese Worte leiten auch jede Sure des Koran ein.

Die fünf Pflichten

Für einen gläubigen Muslim gilt es, fünf Pflichten, die auch als „Säulen des Islam“ bezeichnet werden, einzuhalten. Die Pflichten haben sich bereits zu Lebzeiten Muhammads herausgebildet und sind im Koran an verschiedenen Stellen genannt: das Glaubensbekenntnis, das Gebet, das Fasten, das Almosen und die Wallfahrt.

Das Glaubensbekenntnis *(schahada)*

Das Glaubensbekenntnis ist weniger eine rituelle Pflicht als vielmehr die Basis des Glaubens und Motivation für alle religiösen Handlungen der Muslime. Das Glaubensbekenntnis wird beispielsweise gesprochen, wenn man den Islam annehmen möchte:

„Ich bezeuge, dass es keine Gottheit außer Gott gibt und dass Muhammad der Gesandte Gottes ist".

Es hat sich als Bekenntnis im Laufe der ersten Jahrhunderte des Islam entwickelt und steht in dieser Form nicht im Koran.
Die Schahada betont gegenüber dem damals vorherrschenden Polytheismus (Vielgottglaube) den Monotheismus (Eingottglauben) des Islam. Die Beigesellung von anderen Wesen zu Gott *(schirk)* gilt als eine der schwerwiegendsten Sünden im Islam. Zum anderen legt das Bekenntnis den Glauben an den Propheten Muhammad und seiner Offenbarung, den Koran, fest.

Das Gebet *(salat)*

Wahrscheinlich hat die Gemeinde schon zu Lebzeiten Muhammads das fünfmalige tägliche Gebet verrichtet. Die Anzahl der Gebete ist im Koran nicht festgelegt, nur das generelle Gebot, das Gebet zu verrichten:

„Das Gebet ist für die Gläubigen eine festgelegte Vorschrift." (S 4, 103)

Etwa ab dem Pubertätsalter wird das rituelle Gebet von gläubigen Musliminnen und Muslimen, die geistig und körperlich gesund sind, erwartet. Bei kurzfristiger Krankheit oder Reisetätigkeit darf das Gebet ausfallen bzw. verschoben werden.
Zur Verrichtung des Gebets bedarf es einiger ritueller Voraussetzungen. Dabei geht es vor allem um die Beachtung von Reinheit. **Nachdem der Gebetsaufruf *(azan)* durch**

den Gebetsrufer, den Muezzin, erfolgte, geht der Gläubige daher zunächst zur rituellen Waschung. Nach jeder kleinen Verunreinigung ist eine Teilwaschung des Körpers *(wudu)* nötig, bei der das Gesicht, die Unterarme und die Füße mit fließendem (unberührtem) Wasser gewaschen werden. Die Handgriffe für die Waschung sind genau festgelegt, ebenso die begleitenden Gebete.

Bei einer größeren Verunreinigung, insbesondere durch die Berührung von Blut (Verletzungen, Menstruation, Geschlechtsverkehr, Wochenbett) ist eine Ganzwaschung *(gusl)* erforderlich, bei der kein Fleck des Körpers trocken

Bevor man eine Moschee betritt, zieht man die Schuhe aus.

Foto: Landesarchiv Berlin

Vor dem Gebet steht die rituelle Waschung, hier in der Friedhofsmoschee am türkischen Friedhof in Berlin-Neukölln.

Foto: Klaus Lehnartz, Berlin

bleiben darf. Ist Wasser nicht erreichbar, so darf man Sand nehmen.
Zu einem für das Gebet gereinigten Körper gehört auch dessen weitgehende Bedeckung mit sauberer Kleidung. Insbesondere die Frauen tragen in der Moschee zum Gebet ein Kopftuch. Die Männer sollen ebenfalls Arme und Beine bedeckt halten. Das zumeist weiße Käppchen, das manche Männer beim Gebet tragen, weist ebenfalls auf einen besonderen Reinheitszustand hin. Viele dieser Männer haben bereits ihre Pilgerreise verrichtet, die jeder Muslim einmal im Leben unternehmen sollte.
Die **Reinheit des Ortes** ist ebenfalls eine Voraussetzung für das Gebet. Darum nimmt man für das Gebet, wenn es im Freien oder in einem Wohn- oder Arbeitsraum verrichtet wird, gerne einen dafür reservierten sauberen kleinen Teppich als Unterlage.
Die Zeiten für die rituellen Gebete sind festgelegt und richten sich nach dem Stand der Sonne. Jedes Gebet kann in einem bestimmten Zeitraum verrichtet werden:

- Das **Morgengebet** kann vom Beginn der Morgendämmerung an bis zum Sonnenaufgang gebetet werden.
- Das **Mittagsgebet** kann vom Zeitpunkt, wenn die Sonne im Zenit steht, bis zu der Zeit, wenn der Schatten so lang ist wie sein Gegenstand selbst, gebetet werden.
- Das **Nachmittagsgebet** kann unmittelbar daran anschließend bis zum Sonnenuntergang gebetet werden.
- Das **Abendgebet** kann vom Sonnenuntergang bis zum Ende der Dämmerung gebetet werden.
- Das **Nachtgebet** ist danach bis zum Beginn des Morgengebetes möglich.

Da sich die Gebetszeiten nach der Sonne richten, ändert sich die genaue Uhrzeit für die Gebete laufend. Der Gebetsrufer, der Muezzin, ist darum sehr wichtig. Er stand früher auf dem **Minarett** (s. S. 64 f.), um die Gläubigen zum Gebet zu rufen. Heute geschieht dies in den islamischen Ländern meist über

am Minarett der Moschee angebrachte Lautsprecher (s. Foto S. 65).
In Ländern, in denen es keine öffentlichen Gebetsrufer gibt, wie in den meisten Teilen Europas, kaufen Muslime Kalender, in denen sie die jeweiligen Tageszeiten für die Gebete im Verlauf des Jahres nachlesen. Der Muezzin ruft allerdings auch hier, nämlich innerhalb der Moscheeräume. Er ruft zu Anfang viermal „Allahu akbar“, was „Gott ist größer“ bedeutet. Dann ruft er weiter auf Arabisch: „Ich bezeuge, dass es keinen Gott außer Gott gibt. Ich bezeuge, dass es keinen Gott außer Gott gibt. Ich bekenne, dass Muhammad der Prophet Gottes ist. Ich bekenne, dass Muhammad der Prophet Gottes ist. Auf zum Gebet! Auf zum Gebet! Auf zum Heil! Auf zum Heil! Allahu akbar, Allahu akbar. Es gibt keinen Gott außer Gott.“
Jedes Gebet beginnt mit der Formulierung der Absicht *(niya)*, welches Gebet man verrichten möchte. Der oder die Betende wendet sich zum Gebet Richtung Mekka. Das Gebet besteht aus mehreren gleichförmigen Gebetseinheiten. Eine Gebetseinheit nennt man Rak'a. Das Morgengebet hat beispielsweise 4 Rak'a, das Nachtgebet nur 2. Insgesamt kommt man am Tag auf 17 Rak'a.
Der Ablauf einer Gebetseinheit ist mit bestimmten Körperhaltungen und arabischen Rezitationen verbunden (s. die folgende Magazinseite). Nach dem Gebet schließt sich oft noch ein freies Bittgebet *(dua)* an. Manchmal betet man dazu auch einfach noch ein oder zwei Rak'a mehr. ➤ S. 40

Das Gebet im Islam

Das Gebet im Islam vollzieht sich nach genau vorgeschriebenen Bewegungsabläufen. Diese werden kombiniert mit der Rezitation von Koransuren, von Lobworten auf Allah, frommen Anrufungen und Segenswünschen. Die zu sprechenden Texte sind den einzelnen Bewegungen fest zugeordnet.

1

Stehender Junge, Hände an den Ohren: Aussprechen „Allahu akbar“

2

Stehen, Rechte über die linke Hand über der Gürtellinie: Rezitation der Fatiha und weitere Sure nach Wahl, meist 112

3

Stehender Junge: Aussprechen „Allahu akbar“

Al-Fatiha (Sure 1, 1–7)

Al-Fatiha heißt „Die Eröffnende“. Sie ist in sieben Verse gegliedert und wird im Verlauf der Pflichtgebete etwa 17-mal am Tag gesprochen. Sie beinhaltet die Bitte um Rechtleitung und ist in ihrer Bedeutung derjenigen des „Vaterunser“ für die Christen vergleichbar.

(1) Im Namen des barmherzigen und gnädigen Gottes.
(2) Lob sei Gott, dem Herrn der Menschen in aller Welt,
(3) dem Barmherzigen und Gnädigen,
(4) der am Tag des Gerichts regiert!
(5) Dir dienen wir, und dich bitten wir um Hilfe.
(6) Führe uns den geraden Weg,
(7) den Weg derer, denen du Gnade erwiesen hast, nicht (den Weg) derer, die d(ein)em Zorn verfallen sind und irregehen!

4

Vorbeugend, Hände auf die Knie: Rezitation von Lobworten auf Allah

5

Stehender Junge: Aussprechen „Allahu akbar“

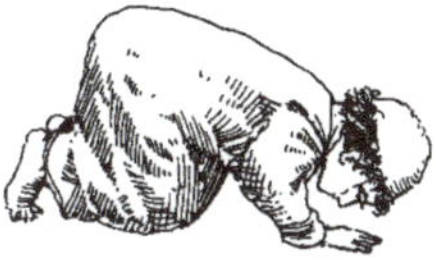

6

Niederwerfung: Rezitation von Lobworten auf Allah

7

Kniender Junge: Aussprechen „Allahu akbar“

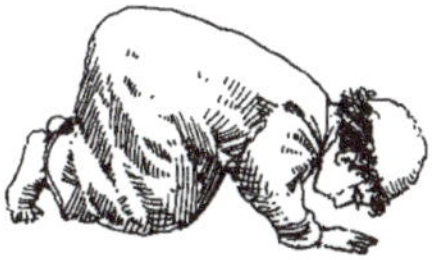

8

Niederwerfung: Rezitation von Lobworten auf Allah

9

Kniend, Blick zur Seite: Friedensgruß nach rechts und links

Das Freitagsgebet

Die meiste Zeit beten Muslime allein. Eine Überlieferung besagt aber, dass das Gebet in der Gemeinschaft 27-mal besser sei als das einsame Gebet. Das gemeinschaftliche Gebet in der Moschee am Freitagmittag ist denn auch für alle Männer verpflichtend, für die Frauen ist es freiwillig. Daher gehen in den meisten islamischen Ländern hauptsächlich die Männer in die Moschee zum Freitagsgebet. Diese Tradition hat sich auch in Deutschland weitgehend fortgesetzt, so dass man auch hier in der Woche und am Freitag meist nur wenige Frauen in den Moscheen sieht.

„Ihr Gläubigen! Wenn am Freitag zum Gebet gerufen wird, dann wendet Euch mit Eifer dem Gedanken Gottes zu und lasst das Kaufgeschäft solange ruhen! Das ist besser für Euch, wenn ihr es wisst.“ (S 62, 9)

Beim Gebet in der Moschee stehen die Betenden in Reihen aufgestellt Schulter an Schulter, Richtung Mekka gewandt. Ein Vorbeter, der **Imam**, steht ganz vorne und manchmal auch etwas erhoben in die gleiche Richtung blickend. Der Imam betet unmittelbar vor dem **Mihrab**, der Gebetsnische, die die Richtung nach Mekka *(qibla)* anzeigt (zur Moschee s. S. 64 ff.). Imam bzw. Vorbeter der Betenden kann jeder aus der Gemeinschaft sein, der das Gebet richtig vollziehen kann. Der Imam ist kein Priester und hat keine religiöse Sonderstellung in der Gemeinde.
Frauen und Männer stehen getrennt voneinander. Die Frauen beten entweder hinter den Männern oder in einem separaten Raum. Es gilt als unschicklich, wenn ein Mann hinter einer Frau betet. So gibt es zwar weibliche Vorbeter, aber nur für das Gebet der Frauen.
Das Freitagsgebet wird durch eine Predigt, die Hutba, abgeschlossen. Die Predigt wird in der Landessprache gehalten, anders als die Gebetsverse, die auf Arabisch gesprochen werden. In Deutschland wählt man in Gemeinden mit Mitgliedern aus unterschiedlichen Ländern mittlerweile öfter

die deutsche Sprache für die Predigt. Da in Deutschland der Freitagmittag zur normalen Arbeitszeit gehört, müssen Angestellte für den Besuch des Freitagsgebets eine Freistellung beantragen, deren Bewilligung im Ermessen des Arbeitgebers liegt.

Das Fasten *(saum)*

Der Islam ist keine weltverneinende Religion wie beispielsweise der Buddhismus. Der Muslim bekennt sich bewusst zu den von Gott geschaffenen irdischen Freuden. Nicht Abwendung von allem Weltlichen, sondern Zügelung *in* der Welt und Gehorsamkeit gegenüber Gott sind die Maximen. Dennoch gehört mit dem islamischen Fasten im Monat Ramadan (s. S. 59 f.) ein schwieriges asketisches Gebot zu den fünf „Säulen des Islam“: **An allen 29 Tagen des Mondmonats Ramadan darf von Sonnenaufgang – sobald man einen weißen von einem schwarzen Faden unterscheiden kann – bis zum Sonnenuntergang nicht gegessen, getrunken, geraucht, kein Wohlgeruch genossen und kein Geschlechtsverkehr gepflegt werden.** Dieses Gebot wird von den meisten Muslimen befolgt. Wer es nicht schafft, alle 29 Tage zu fasten, versucht es zumindest an einigen der letzten Tage des Monats. Diese Tage bzw. Nächte gelten als besonders heilig, denn an einem dieser Nächte, meistens der 27. Ramadan, wird die erstmalige und vollständige Herabsendung des Koran gefeiert.

„Der Monat Ramadan ist es, in dem der Koran herabgesandt worden ist als klarer Beweis der Rechtleitung und der Rettung. Wer nun von euch während des Monats anwesend ist (d. h. nicht unterwegs), soll in ihm fasten.“ (S 2, 185)

Zum Gedenken an die Herabsendung rezitiert man im Laufe des Ramadan den gesamten Koran.
Allabendlich wird das **Fastenbrechen** *(iftar)* zu Hause oder in der Moschee mit einem Gebet begangen und anschließendem gemeinsamem Essen gefeiert. In dieser Zeit werden auch oft Nichtmuslime in die Moschee eingeladen. Insge-

samt gilt der Monat des Ramadan als Zeit der Versöhnung und Vergebung sowie der Solidarität mit den Armen.
Kurz vor Sonnenaufgang isst man noch einmal eine Kleinigkeit, bevor es durch den Tag geht.
Das Fasten ist nur den Gesunden und Erwachsenen auferlegt. Wer auf Reisen oder krank ist, kann das Fasten nachholen oder stattdessen eine Spende an Arme entrichten. Auch menstruierende Frauen dürfen nicht fasten.
In Ländern mit muslimischer Mehrheit tickt die Uhr während des Ramadan etwas langsamer. Gerade in der heißen Periode des Jahres wirkt sich die Fastenzeit besonders stark auf die Produktivität am Tage aus. In nichtmuslimischen Ländern ist es für muslimische Gläubige hingegen schwer, das Fasten neben dem normalen Betrieb bei der Arbeit, im Studium oder während der Schulzeit einzuhalten. Der Mondmonat Ramadan verschiebt sich auf unserem Kalender immer um 11 Tage nach vorne. So wandert er in 33 Jahren einmal durch das ganze Jahr. Wenn der Ramadan in die Sommerzeit fällt, dauert das Fasten den Stunden mit Tageslicht entsprechend lange und die Entbehrung ist besonders groß.

Das Almosen *(zakat)*

Die einmal jährliche Abgabe eines Almosens ist für alle Muslime verpflichtend, sofern sie über ein gewisses Vermögen verfügen. Die zu begünstigenden Gruppen werden im Koran genau bestimmt (S 9, 60): Das Almosen soll an Arme, Bedürftige, Reisende, Schuldner, Sklaven, die sich freikaufen wollen, und an all diejenigen, die sich für die „Sache Gottes“ einsetzen, gegeben werden.

„Und man fragt dich, was man Spenden soll. Sag: den Überschuss!“ (S 2, 219)

Die Höhe der Abgabe und wer zu ihr verpflichtet ist, wird von den islamischen Rechtsschulen festgelegt. Bei Vermögen aus Handel, Industrie oder Handwerk sollen 2,5 Prozent der Nettoeinkünfte als Zakat gezahlt werden.

Viele sehen in der genau geregelten Abgabe des Almosens eine Möglichkeit jenseits von Kapitalismus oder Kommunismus, Gerechtigkeit und Ausgleich zwischen Arm und Reich herzustellen. Insbesondere auch, weil durch das islamische Verbot, Zinsen zu nehmen (S 3, 130), Wege zu alternativem Wirtschaften, wie Risiko- oder Gewinnbeteiligung, gesucht werden müssen.

Die Wallfahrt *(hadsch)*

Jede Muslimin und jeder Muslim sollten einmal im Leben eine Wallfahrt nach Mekka, der „Mutter aller Städte“, unternehmen. Die Tradition der Wallfahrt geht auf Muhammad zurück, der kurz vor seinem Tod eine solche unternommen hat.
Zwar ist es jederzeit möglich, eine so genannte kleine Wallfahrt *(umra)* zu unternehmen, der eigentliche Hadsch ist aber an eine bestimmte Zeit gebunden. Er wird im letzten Monat des islamischen Jahres, vom 8. bis 13. Dhu'l-Hidscha, vollzogen.
Schon Tage und Wochen vor dem 8. Dhu'l Hidscha strömen die Pilger vor die Stadt. Weit über 1 Millionen Menschen besuchten in den letzten Jahren jeweils zum Dhu'l Hidscha Mekka. Auch im Jahr 2002 Jahr gab es dabei wieder einige Tote, weil Hitze und Menschenmassen zu Paniken führten, da alle Riten zur gleichen Zeit von allen Pilgern gemeinsam durchgeführt werden.
Männer wie Frauen sollen die Hadsch vollziehen. Frauen dürfen aber nicht alleine reisen, sie sollen entweder einen männlichen Verwandten als Begleiter haben oder in einer Gruppe reisen. Kranke können auch andere für sich stellvertretend pilgern lassen. Da eine Pilgerreise unter Umständen sehr teuer sein kann, erlaubt der Koran die Reise nur denjenigen, die frei von Schulden sind.
Vor der Stadt legen die Pilger ein Pilgergewand an, das aus zwei weißen ungenähten Tüchern besteht. Dann beginnen die ersten Zeremonien. Gebete werden gesprochen und der Ruf „labbaika“, „Hier bin ich, zu deinen Diensten!“, erschallt, der während der Wallfahrt häufig wiederholt wird.

Die Muslime sind auf der Wallfahrt ganz unter sich, denn Mekka und der Bezirk, den die Pilger beschreiten, ist für Nichtmuslime grundsätzlich und zu jeder Zeit des Jahres verboten. Nur mit einem speziellen Wallfahrtsvisum ist die Hadsch erlaubt.
Die Ausgestaltung der Wallfahrt geht auf verschiedene altarabische Riten zurück. Die einzelnen Riten sind im Detail sehr komplex. Die Pilger selbst bereiten sich mit einer speziellen Wallfahrtsanleitung auf ihre Pilgerreise vor, die als Heft zu kaufen oder im Internet (z. B. unter www.tohajj.com) zu finden ist.

Zu den wichtigsten Stationen und Riten der Wallfahrt gehören

- die siebenmalige Umkreisung der Kaaba, bei der der schwarze Stein geküsst oder zumindest berührt werden soll,
- das Verweilen auf dem Berg Arafat,
- der siebenmalige relativ schnelle Lauf zwischen den Hü-

Die Geschichte von Hagar und Ismail

Weil seine Frau Sara ihm kein Kind gebar, hatte Abraham als zweite Frau Hagar, die Magd von Sara, geheiratet. Hagar gebar Abraham bald darauf Ismail. Als dann aber auch Sara einen Sohn, nämlich Isaak, bekam, überredete Sara ihren Mann, Hagar und Ismail zu verstoßen. Dies tat Abraham, er schickte die beiden in die Wüste. Dort suchte Hagar nach Wasser für sich und ihren Sohn und rannte dabei siebenmal zwischen den beiden Hügeln Safar und Marwa hin und her.

Bei der Wallfahrt wird dieser Geschichte der Verstoßung gedacht.
Während die Juden ihren Stammbaum über Isaak auf Abraham zurückführen, leiten die Muslime sich vom Stammbaum Ismails zu Abraham zurück.

geln Safa und Marwa, der die Suche der Hagar nach Wasser für ihren Sohn Ismail symbolisiert (s. Kasten)
- und die „Steinigung des Satans", indem man 3-mal sieben Steinchen auf drei Säulen wirft, die den Teufel symbolisieren.

Die Kaaba von Mekka

Die Kaaba, ein würfelförmiger Bau mit etwa 12x10m Bodenfläche und 15m Höhe, steht im Hof der großen Moschee von Mekka; sie ist immer mit einem schwarzen Tuch verhängt.
In der Kaaba wurden vor der Zeit Muhammads die Götter und Göttinnen der nomadischen Stämme, die nach Mekka kamen, um Handel zu treiben, verehrt. Muhammad hat nach der Eroberung Mekkas die Kaaba leer geräumt – so ist sie bis heute.
In der östlichen Ecke der Kaabawand ist ein schwarzer Stein, wahrscheinlich ein Meteorit, eingelassen. Nach dem vom Propheten begründeten frommen Brauch sollen die Pilger ihn bei der Umwandlung der Kaaba berühren oder küssen. Der islamischen Tradition nach hat Abraham den Stein durch den Erzengel Gabriel erhalten, als er den Auftrag bekam, mit seinem Sohn Ismail ein „Haus der Anbetung" zu erbauen (S2, 124–127).

Am 10. des Pilgermonats wird das Opferfest mit der Schlachtung eines Schafs begangen. Dies tun nicht nur die Pilger, sondern auch die Daheimgebliebenen. Der Weihezustand, der für die gesamte Pilgerfahrt gilt und in dem weder die Haare geschnitten noch eine Jagd begangen, Geschlechtsverkehr ausgeübt oder in einen Kampf gezogen werden darf, wird nun teilweise aufgehoben. In den nächsten Tagen kümmert man sich um die Zubereitung des Fleisches, wiederholt noch einmal die siebenmalige Umkreisung der Kaaba und den Lauf zwischen Safa und Marwa. Zum Ab-

schluss fahren viele Pilger nach Medina, um dort das Grab des Propheten zu besuchen.
Die Wallfahrt ist für einen Muslim das zentrale Erlebnis seines religiösen Lebens, in dem er sich mit der Gemeinschaft und Einheit der Muslime, der Umma, verbindet. Mekka ist das Zentrum der islamischen Welt, dem sich alle Muslime täglich im Gebet zuwenden, und das Ziel der Pilgerfahrt. Immer wieder wurde die Wallfahrt auch zum Ort, an dem sich neue Bewegungen im Islam formiert haben. Jährlich findet in Mekka außerdem zu dieser Zeit das Treffen der islamischen Regierungschefs statt.
In islamischen Ländern ist die Wallfahrt ein viel beachtetes mediales Ereignis. In Deutschland geht es für die nichtislamische Bevölkerung fast unmerklich vorüber.

Riten des Übergangs

Neben den 5 „Säulen des Islam" gibt es noch eine Vielzahl weiterer ritueller Handlungen, die das Leben eines Muslims begleiten und es als muslimisches kennzeichnen. Besonders wichtig sind die „Riten des Übergangs": Geburt, Beschneidung, Hochzeit und Begräbnis. In der Situation der Migration, in der das gesellschaftliche Leben von den Riten anderer Religionen bestimmt wird, dienen die eigenen Riten in besonderer Weise dazu, die Gemeinschaft und die Identität zu stärken. In den Riten des Übergangs hat sich dabei oft regionales Brauchtum mit spezifisch islamischen Vorstellungen vermischt.

Die Geburt oder: Wer ist ein Muslim?

Im Islam gibt es nicht die Vorstellung, dass ein Neugeborener erst in die religiöse Gemeinschaft aufgenommen werden muss, wie dies beispielsweise im Christentum durch das Taufritual vollzogen wird. Vielmehr wird der Mensch als Geschöpf Gottes automatisch als Muslim geboren. Es bedarf deshalb keiner Taufe oder ähnlicher Aufnahmerituale.

„Und wenn Gott gewollt hätte, hätte er euch zu einer einzigen Gemeinschaft gemacht. Aber er teilte euch in verschiedene Gemeinschaften auf und wollte euch so in dem, was er euch gegeben hat, auf die Probe stellen. Wetteifert nun nach den guten Dingen! Zu Gott werdet ihr alle zurückkehren. Und dann wird er euch Kunde geben über das, worüber ihr im Diesseits uneins waret." (S 5, 48)

Auch ein Erwachsener, der zum Islam übertreten möchte, muss nur die Schahada, das Glaubensbekenntnis (s. S. 34), vor zwei Zeugen aussprechen, um Muslim zu werden. Mit der Annahme des Islam geht auch die Annahme eines islamischen Vornamens einher. Entsprechend der fehlenden Vorstellung von einem notwendigen Eintritt ist auch der Austritt nicht denkbar. Auch im Christentum bleibt ja, wer einmal getauft wurde, immer ein Christ, auch wenn er formal aus der Kirche ausgetreten ist und keine Kirchensteuer mehr zahlt. Muslime, die einmal die rechte Erkenntnis hatten, dann aber vom Glauben abgefallen sind (Apostat) bzw. ihren Glauben gewechselt haben, wurden in der islamischen Tradition oftmals mit dem Tod bestraft. Der Koran sieht eine solche Strafe nicht vor, allerdings galt zur Lebzeit Muhammads jemand, der sich vom Islam abwandte, schnell als Verräter der noch kleinen, von den gegnerischen Mekkanern bedrängten islamischen Gemeinde. In der Tradition haben manche islamische Rechtsschulen deshalb die Todesstrafe für Apostasie vorgesehen. Heute spielt Apostasie in der Strafrechtsordnung islamischer Länder keine Rolle mehr. Dennoch kommt es immer wieder zu Diskriminierungen von Apostaten durch extreme islamische Kreise in islamischen Ländern. So gilt der Ägypter Nasr Hamid Abu Zaid wegen seiner Interpretation der koranischen Verse als historisches Zeugnis als Apostat – ohne dass er sich selbst so verstehen würde. Er wurde darum durch ein ägyptisches Gericht 1995 von seiner muslimischen Ehefrau zwangsgeschieden. Das Paar lebt seitdem in Europa. Wird ein Kind in eine muslimische Familie hineingeboren, gilt es als Muslim. Dem Kind wird gleich nach der Geburt in das rechte Ohr die Schahada und in das linke Ohr der Gebetsruf geflüstert. Die Namensgebung des Kindes erfolgt meist am sechsten oder siebten Tag. Wenn die Eltern sich dies leisten können, lassen sie für das Kind an diesem Tag ein Schaf schlachten; ist es ein Sohn, eventuell sogar zwei. Man isst das Fleisch zu einem Teil selbst, den anderen Teil verteilt man an Bedürftige. Ebenso werden dem Kind an diesem Tag die ersten Locken geschnitten und auf einer Waage mit Silber aufgewogen, das man als Almosen weitergibt. Diese Riten folgen der Sunna, dem Vorbild des Propheten Muhammad (s. S. 18).

Die Beschneidung

Auch die Beschneidung von Jungen gilt als Sunna, als gute Tradition, die dem Vorbild des Propheten folgt. Denn der Prophet, heißt es, sei beschnitten geboren worden. Im Türkischen wird die Beschneidung denn auch einfach *„sünnet“* (= Sunna) genannt. Die Beschneidung ist nicht im Koran erwähnt, insofern ist sie keine Pflicht, aber es gibt wohl kaum einen männlichen Muslim, der nicht beschnitten ist.
Der Zeitpunkt der Beschneidung soll vor der Geschlechtsreife des Jungen liegen. Manchmal wird der Tag der Namensgebung gewählt. Türkische Jungen lässt man in der Regel im Alter zwischen 5 und 7 Jahren beschneiden. Der Ritus wird als ein erster Schritt des Jungen in die männliche Erwachsenenwelt verstanden.
Die Beschneidung des Jungen ist mit einem Fest verbunden. Oft werden mehrere Jungen einer oder befreundeter Familien gleichzeitig beschnitten. Der Beschneider, in Deutschland meist ein Arzt, der sich hierauf spezialisiert hat, schneidet unter lokaler Betäubung die männliche Vorhaut zurück. Dieser Schnitt ist auch unter Juden üblich. Er bringt keinerlei gesundheitliche Beeinträchtigung des Jungen mit sich. Für die Hygiene habe er sogar Vorteile, urteilen viele.
Um den Schmerz des Jungen zu lindern, wird er nach der Beschneidung mit Geschenken und Süßigkeiten beglückt. Oft werden die Jungen angezogen wie kleine Prinzen, mit Fe-

derhut und weißem Umhang. Auf einer Schärpe steht „Masallah“: „was Gott gewollt hat“. Dieser Spruch, wie auch Talismane mit dieser Aufschrift, sollen den „bösen Blick“ abwehren und das geschwächte Kind vor Unglück bewahren.

In manchen Ländern ist auch die Mädchenbeschneidung üblich, so zum Beispiel in Gebieten Sudans und Ägyptens. Im Gegensatz zur Jungenbeschneidung stellt die Beschneidung für die Mädchen ein erhebliches gesundheitliches Risiko dar und wird von Menschenrechtsorganisationen als Verstümmelung eingestuft. Der Ritus reicht von dem Einstechen oder Einritzen der Klitoris bis zu ihrer Entfernung. Die Schamlippen werden entweder ebenfalls entfernt oder weitgehend zugenäht.
In den Gebieten, wo diese Praxis üblich ist, werden auch nichtmuslimische Frauen, Christinnen, Jüdinnen sowie Frauen anderen Glaubens beschnitten. Muslime, die diese Praxis durchführen, beziehen sich auf Prophetenworte. Allerdings wird deren Echtheit von vielen bezweifelt. Es scheint sich eher um im Nachhinein religiös gerechtfertigte lokale Traditionen zu handeln.
In Deutschland, wie in vielen anderen europäischen Ländern, steht die Beschneidung von Mädchen unter Strafe. Sie wird als schwere Körperverletzung geahndet.

Hochzeit und Ehe

Die Ehe ist im Islam die erstrebenswerte Lebensform, denn im Koran heißt es:

„und verheiratet diejenigen von euch, die (noch) ledig sind“ (S 24, 32).

Mönchtum und Zölibat, das heißt, der bewusste Verzicht auf einen Sexualpartner, werden kategorisch abgelehnt. Erfüllte Sexualität ist wünschenswert, aber nur in der Ehegemeinschaft erlaubt.
Die Ehe hat keine direkte religiöse Bedeutung, sondern ist lediglich ein Vertrag zwischen zwei Partnern. Dieser Vertrag

ist zwar auf Dauer angelegt, kann aber unter Einhaltung bestimmter Regeln auch wieder gekündigt werden. Nur im schiitischen Islam (s. S. 73 ff.) ist eine Ehe auf Zeit, die Mut'a, möglich, allerdings sehr umstritten.
Geschlossen wird der Ehevertrag traditionell zwischen dem Bräutigam und einem männlichen Verwandten oder Vormund der Braut. Erst wenn die Frau bereits einmal verheiratet war, ist es üblich, dass sie den Vertrag selbst unterschreibt. Ein Richter oder ein Imam müssen nach islamischem Recht nicht anwesend sein, können aber als Zeugen für die Rechtmäßigkeit des Vorgehens fungieren.
Heute wird eine Ehe in den meisten islamischen Ländern nur dann anerkannt, wenn sie auch gerichtlich registriert ist. Dies dient sowohl der rechtlichen Absicherung der Frau als auch der Kontrolle über die Polygamie (Vielehe), die beispielsweise in der Türkei und Tunesien nicht mehr erlaubt ist. In Deutschland hat sich in manchen türkischen Familien die Sitte eingebürgert, dass zunächst nur eine so genannte Imam-Ehe eingegangen wird, d.h. eine Eheschließung nach islamischer Tradition, ohne Registrierung, nur mit zwei privaten Zeugen, darunter oft ein Imam. Sie hat dann etwa den Status einer Verlobung. In dieser Zeit können sich die Partner ohne Beobachtung kennen lernen. Eine solche „Ehe" ist leicht wieder zu lösen, wenn man sich einig ist. Erst wenn die Partner sich nach einigen Wochen sicher sind, heiratet man auch standesamtlich.
Im Koran wird der Personenkreis der möglichen Partner für eine Ehe festgelegt. Dabei werden zum Beispiel nahe Verwandte ausgenommen. Außerdem ist es der muslimischen Frau nicht erlaubt, einen Nichtmuslim zu heiraten. Der Mann hingegen darf auch eine Christin oder eine Jüdin heiraten.

„Und zum Heiraten sind euch erlaubt die ehrbaren gläubigen Frauen und die ehrbaren Frauen aus der Gemeinschaft derer, die vor euch die Schrift erhalten haben." (S 5, 5)

Es ist nicht eindeutig bestimmbar, warum dieser Unterschied gemacht wurde. Möglicherweise hängt dies damit zusammen, dass die Kinder aus der Ehe ab einem bestimmten Alter dem Mann zugerechnet werden. Das heißt, im Falle einer Scheidung erhält die Mutter das Sorgerecht für die Kleinkinder. Kinder ab dem Pubertätsalter gehen hingegen zum Vater, der auch für deren volle finanzielle Versorgung verantwortlich ist. Insofern ist die Religionszugehörigkeit der Kinder langfristig von der Religion des Vaters abhängig. Adoption ist im islamischen Recht nicht vorgesehen.
Der Koran erlaubt die Polygamie, sofern der Mann alle Frauen gleich behandelt, beschränkt die Zahl der Ehefrauen aber auf vier.

„Und wenn ihr fürchtet, in Sachen der (eurer Obhut anvertrauten weiblichen) Waisen nicht recht zu tun, dann heiratet, was euch an Frauen gut ansteht, (ein jeder) zwei, drei oder vier. Wenn ihr aber fürchtet, (so viele) nicht gerecht zu (be)handeln, dann (nur) eine oder was ihr an Sklavinnen besitzt! So könnt ihr am ehesten vermeiden, Unrecht zu tun." (S 4, 3)

Die Frau darf nur mit einem Mann verheiratet sein. In vorislamischer Zeit gab es im Unterschied dazu sehr vielfältige Arten des Zusammenlebens, die aber alle rechtlich nicht abgesichert waren. Der Islam schaffte Verhältnisse, die auch den Frauen Rechte gewährten. So wurde die – wenn auch eingeschränkte – Rechtsfähigkeit der Frau eingeführt und der Brautkauf abgeschafft. Die Braut- bzw. Morgengabe, den Mahr, erhält nach koranischem Recht die Frau zu ihrer Absicherung. Die Höhe des Mahr wird individuell vereinbart und hängt mit der sozialen Stellung der Braut zusammen.

„Und gebt den Frauen ihre Morgengabe als Geschenk (so dass sie frei darüber verfügen können)!" (S 4, 4)

Dieses Geld kann sie spätestens bei der Scheidung einklagen. Es geht in ihr Privatvermögen über, das nicht in die Ehe mit einfließen muss. Der Mann hingegen haftet mit seinem gesamten Vermögen und Einkünften für den Unterhalt seiner Frau(en) und Kinder. Darum heißt es in Sure 4, 34:

„Die Männer stehen über den Frauen, weil Gott sie (von Natur vor diesen) ausgezeichnet hat und wegen der Ausgaben, die sie von ihrem Vermögen gemacht haben."

Viele Musliminnen und Muslime betonen heute, dass dieser Vers keine grundsätzliche Abwertung der Frau bedeutet, da der Koran in religiöser Hinsicht eine gleichwertige Behandlung von Mann und Frau vorsieht:

„Diejenigen aber, die handeln, wie es recht ist, männlich oder weiblich, und die dabei gläubig sind, werden (dereinst) in das Paradies eingehen, und ihnen wird (bei der Abrechnung) nicht ein Dattelkerngrübchen Unrecht getan."

Die Scheidung der Ehe ist beiden Partnern möglich, für den Mann allerdings sehr viel leichter. Spricht er dreimal hintereinander den Wunsch nach Scheidung aus, gilt die Ehe als geschieden. Dies nennt man die Verstoßung, *talaq*. Wenn die Verstoßung ausgesprochen ist, muss die Frau drei Monate warten, bevor sie wieder heiraten darf, damit eine eventuelle Schwangerschaft vorher einwandfrei zugeordnet werden kann. Die Frau hat weniger Möglichkeiten zur Scheidung, es sei denn der Mann kommt seinen ehelichen Pflichten beweisbar nicht nach. Allerdings gilt bei in Deutschland geschlossenen Ehen, sofern ein Partner Deutscher ist, das Scheidungsrecht des Landes. Danach ist sowohl die Verstoßung als auch die Polygamie verboten. Unter modernen Musliminnen aus verschiedenen Ländern ist es zudem mittlerweile üblich, einen Ehevertrag mit dem Bräutigam abzuschließen, der zusätzliche Regeln festhält, bei deren Nichteinhaltung es der Frau erlaubt ist, die Scheidung einzureichen. Hierunter kann beispielsweise die Abmachung fallen, dass die Frau sich scheiden lassen darf, wenn der Mann beabsichtigt, eine zweite Frau zu heiraten.

Tod und Bestattung

Der Tod eines Mitglieds der Gemeinschaft stellt die islamische Gemeinde vor die Aufgabe, alle notwendigen Vorkehrungen zu treffen, die es der Seele des Toten ermöglichen bzw. erleichtern, den Weg ins Paradies zu finden. Schon dem Sterbenden wird geholfen, indem man ihm die Worte, die er schon unmittelbar nach seiner Geburt gehört hatte, nämlich die Worte des Glaubensbekenntnisses (s. S. 34) einflüstert. Der Sterbende soll sie möglichst nachsprechen, auf dass dies seine letzten Worte seien.

Die Anwesenden rezitieren derweil die Sure 36 „Ya Sin", die vom himmlischen Lohn und den möglichen Höllenstrafen handelt. Damit der Sterbende nicht beunruhigt wird, geschieht dies leise und diskret.

Sobald der Tod eingetreten ist, soll die Waschung des Leichnams beginnen, damit der Leichnam zügig, möglichst bereits 24 Stunden später, unter die Erde zur Ruhe gelegt werden kann. Denn unmittelbar nach dem Tod beginnen die Befragungen durch die Engel. Man stellt sich vor, dass die Seele zunächst vom Todesengel zu einem Zwischengericht in den Himmel gebracht wird. Danach erfolgt die Befragung der Seele am Grab durch zwei Engel: Munkar und Nakir. Sie fragen, wer ihr Gott und wer dessen Prophet ist, wie ihre Religion heißt und welche die Gebetsrichtung ist. Kennt die Seele die richtigen Antworten: Gott, Muhammad, Islam und Mekka, so wird die Seele ins Paradies eingehen. Kennt sie die Antworten nicht, wird sie peinigenden Strafen ausgesetzt.

Der gewaschene Leichnam wird in weiße Leichentücher gehüllt. Der Tote kann so beim Jüngsten Gericht gereinigt vor Gott treten. In islamischen Ländern wird der Tote nur auf einer Bare zum Grab getragen. Hier wird er auf die rechte Seite gelegt und mit dem Gesicht Richtung Mekka ausgerichtet. Am Grab sprechen die Trauernden ein Totengebet, dann wird das Grab mit Erde zugedeckt. Frauen gehen meist nicht mit an das Grab, welches sie auch später nicht besuchen sollen.

Grabpflege und Blumenschmuck sind im Islam nicht üblich. Man möchte verhindern, dass die Ruhe des Toten gestört wird, und lässt die Gräber deshalb unberührt. Diese Auffassung des orthodoxen Islam kollidiert stark mit der im Sufismus (s. S. 84 ff.) üblichen Heiligenverehrung an Gräbern. Die Kondolenzzeit beträgt etwa drei Tage. In dieser Zeit besucht man die trauernden Verwandten. Für eine Witwe besteht nach dem Tod ihres Ehemanns eine besondere Trauerzeit von 4 Monaten und zehn Tagen. In dieser Zeit kleidet sie sich schmucklos und verlässt das Haus kaum.

Erziehung zum Muslim

Die Erziehung zum Muslim bedarf kaum besonders umfangreicher Einweihungen in spezielle Verhaltensweisen. Das Kind wird im Sinne des Koran erzogen, das heißt, es soll nicht lügen, sondern stets die Wahrheit sagen und weder prahlen noch hochmütig sein. In jedem Falle wird es zu maßvollem Handeln angehalten. Die Eltern sollen dem Kind in alledem ein Vorbild sein. Indem das Kind zur Achtung der Eltern und zur Sorge um seine Verwandten erzogen wird, lernt es, sich in die Familie einzufügen.
Solange das Kind noch nicht im Pubertätsalter ist, gilt es noch nicht als vollständig verantwortlich für seine Taten, darum sagt man, dass Kinder noch sündlos sind.
Das Gebet lernen die Kinder in der Regel durch Nachahmung der Eltern. Sobald die Kinder in die Schule gehen, werden sie in der Rezitation des Koran unterrichtet. Insbesondere in nichtarabischen Ländern bedeutet dies, dass sie zunächst lernen müssen, die arabische Schrift zu lesen. Dann lernen sie Sure für Sure auswendig. Manche Kinder schaffen es, den gesamten Koran auswendig zu rezitieren. Dies gilt als besonders schöne religiöse Fähigkeit und wird hoch angesehen.
Die Kinder besuchen dazu meist über mehrere Jahre einen Korankurs in einer Moscheegemeinde. In manchen Gemeinden findet der Unterricht gemischtgeschlechtlich statt, in

manchen werden Jungen und Mädchen getrennt. Der Abschluss eines Korankurses wird in der Regel in kleiner familiärer Runde gefeiert.
In den 80er Jahren waren die Korankurse der Moscheegemeinden in Verruf geraten, da die Lehrmethoden veraltet schienen und wohl auch körperliche Verweise vorkamen. Mittlerweile hat sich hier viel verändert. Auch wird heute nicht nur die Rezitation als religiöse Übung gelehrt, sondern die Inhalte des Koran vermittelt.
Im Alter von etwa 13 bis 14 Jahren ist der Zeitpunkt erreicht, da die Jugendlichen alle religiösen Pflichten erfüllen sollen. Hierzu gehören insbesondere das Fasten und das Beten. Für die Frauen gilt ab der Pubertät das Gebot der keuschen Ver-

Dschihad

Dschihad bedeutet „Anstrengung" und bezieht sich auf die Bemühung jedes Muslims und jeder Muslimin, seine Kraft darauf zu verwenden, die Gebote Gottes zu halten und gegen eigene schlechte Neigungen anzukämpfen. Es gibt nach islamischer Auffassung drei Arten des Dschihad:

1. Die „äußerste Anstrengung", d.h. der Kampf gegen die eigenen schlechten Triebe und Neigungen.
2. Die „große Anstrengung", hierunter fällt auch die Verkündigung *(dawa)* und der Dialog mit den Religionen.
3. Die „kleine Anstrengung", die Verteidigung des Islam gegenüber Ungläubigen – unter Umständen auch mit Waffengewalt.

Diese letzte Bedeutung von Dschihad hat in der islamischen Geschichte bis heute auch dazu geführt, kriegerische Auseinandersetzungen religiös zu rechtfertigen. Im Sinne des Koranverses 2, 257: „In der Religion gibt es keinen Zwang" und der Maxime, dass alle Entscheidungen islamischer Gelehrter, die den koranischen Aussagen zuwiderlaufen, nicht richtig sein können, wird der Versuch, den Islam mit Gewalt durchzusetzen, von vielen Muslimen in Frage gestellt.

hüllung (s. S. 57 f.). Während in ländlichen Gebieten islamischer Länder traditionell weniger Wert auf die Verhüllung gelegt wird, ist in den Städten spätestens seit dem 19. Jahrhundert verstärkt darauf geachtet worden.

Islamische Rechtspraxis im Alltag

Der Koran und das Vorbild des Propheten Muhammad sind für gläubige Muslime die wichtigsten Quellen, um zu erfahren, was ihnen als Muslimen erlaubt (*halal*) oder verboten (*haram*) ist. Im Islam hat sich daraus ein Feld intensiver wissenschaftlicher Betätigung entwickelt: die Rechtswissenschaft (*fiqh;* s. S. 76 f.). Im Alltag, insbesondere wenn man in einer islamischen Familie aufgewachsen ist, sind viele Regeln selbstverständlich. Gesellschaftliche Entwicklungen bringen aber neue Probleme mit sich, so dass manchmal ein Gelehrter *(mufti)* zu Rate gezogen wird, um ein so genanntes Rechtsgutachten, ein Fatwa, zu erstellen. Die Muslime können sich nach einem Fatwa richten, müssen es aber nicht. Nur der Koran und das Vorbild des Propheten sind zwingend zu befolgen. Deshalb kann man jederzeit auch einen anderen Rechtsgutachter um sein Urteil bitten.
In der Diaspora sind eigens Bücher entstanden, um Muslime darüber aufzuklären, welche Taten, die im Koran nicht erwähnt werden, *halal* sind und welche *haram*, oder auch, welche Taten empfohlen sind und von welchen abgeraten wird. Hier vermischen sich dann oftmals regionale kulturelle Sitten und religiöse Vorstellungen.
Von besonderer Bedeutung für den islamischen Alltag sind die Speise- und Bekleidungsvorschriften.

Speisevorschriften

Der Koran verbietet den Genuss von Schweinefleisch und von Wein. Letzteres wird gemeinhin als prinzipielles Alkoholverbot ausgelegt. Aber auch Blut und Tiere, die mit unerlaubten Methoden geschlachtet wurden, sind den Muslimen verboten.

Ob das Gebot, geschächtete, d. h. ausgeblutete, Tiere zu essen, prinzipiell gelten soll, ist in der islamischen Gemeinschaft umstritten. Die diesbezügliche koranische Vorschrift bezieht sich nur auf das Fleisch am Opferfest. Im Koran heißt es darüber hinaus:

„Und was diejenigen essen, die (vor euch) die Schrift erhalten haben, ist für euch erlaubt, und (ebenso) was ihr esst, für sie." (S 5, 5)

Aufgrund der Überzeugung, dass Juden und Christen denselben Gott verehren, ist mit ihnen eine eingeschränkte Tischgemeinschaft erlaubt. Muslimische Rechtsgelehrte haben eine Fülle von Deutungen für den Vers 5, 5 erstellt. Sie reichen von dem Verbot des Essens von christlichem Fleisch, aber der Erlaubnis des Verzehrs von jüdischem Fleisch sowie der umgekehrten Auslegung über die Erlaubnis, alles zu essen, was Juden oder Christen schlachten, bis hin zum Verbot von allem, was Juden und Christen zubereiten.
Daher ist die muslimische Praxis in Deutschland bezüglich der Nahrung sehr uneinheitlich. Einige ernähren sich rein vegetarisch, andere nehmen alles außer Alkohol und Schweinefleisch zu sich. Manche Muslime bestehen für jede Mahlzeit auf von Muslimen geschächtetem Fleisch, andere nur zum Opferfest.

Bekleidungsvorschriften

Als oberste Prinzipien bei der Wahl der Kleidung gelten für beide Geschlechter Bescheidenheit und Reinheit. In mancher Hinsicht sind Frauen und Männer aber von unterschiedlichen Regeln betroffen. So dürfen Frauen Seide und Goldschmuck tragen, Männern ist dies aber untersagt.
Beiden ist geboten, ihre Scham zu bedecken. Bei den Frauen gehören tendenziell alle Körperteile zur Scham, beim Mann sind Kopfhaar, Unterarme und Unterschenkel in der Regel ausgenommen. Aber das Verständnis von Scham ist durchaus kulturell verschieden. So ist in Teilen Afghanistans sogar das Gesicht der Frau bedeckt, während in Indien oder Teilen

Afrikas Frauen bauchfreie Gewänder tragen und Nacken sowie Arme in der Öffentlichkeit zeigen. Der Koran unterstreicht nur das Gebot der Schamhaftigkeit:

„Sag den gläubigen Männern, sie sollen (statt jemanden anzustarren, lieber) ihre Augen niederschlagen, und sie sollen darauf achten, dass ihre Scham bedeckt ist. So halten sie sich am ehesten sittlich … Und sag den gläubigen Frauen, sie sollen (statt jemanden anzustarren, lieber) ihre Augen niederschlagen, und sie sollen darauf achten, dass ihre Scham bedeckt ist, den Schmuck, den sie (am Körper) tragen, nicht offen zeigen, soweit er nicht (normalerweise) sichtbar ist, ihren Schal sich über den (vom Halsausschnitt nach vorne heruntergehenden) Schlitz (des Kleides) ziehen …" (S 24, 30 f.)

Eine eindeutige Aufforderung zu einer bestimmten Form des Kopftuches gibt es im Koran nicht (s. S. 112 f.).

Der islamische Kalender

Die islamische Zeitrechnung beginnt mit dem 15. Juli 622 (nach christlicher Zeitrechnung), dem Jahr des Einzugs nach Medina (*hidschra*; s. S. 13 f.). Das islamische Jahr richtet sich allein nach dem Mondwechsel und ist darum 11 Tage kürzer als unser Jahr, es zählt nur 354 Tage. Das islamische Jahr ist in 12 Monaten zu je 29 bzw. 30 Tagen aufgeteilt. Das hat zur Folge, dass die islamischen Feste, die nach dem islamischen Mondjahr ausgerichtet sind, immer 11 Tage pro Jahr weiter durch unser Jahr wandern. Die Woche hat auch bei den Muslimen 7 Tage, allerdings gibt es keinen expliziten Ruhetag. Der Freitag ist der Tag, an dem die männlichen Muslime verpflichtet sind, zum Mittagsgebet in die Moschee zu gehen. Allerdings gilt dieser Tag nicht wie der Sonntag im Christentum oder der Samstag im Judentum als strikter Arbeitsruhetag. Eine Besonderheit gegenüber dem christlichen Verständnis besteht außerdem darin, dass für Muslime – wie für Juden auch – der Tag mit dem Sonnenuntergang beginnt und mit dem nächsten Sonnenuntergang endet.

Die islamischen Monate

1. Muharram	محرم
2. Safar	صفر
3. Rabi al-awwal	ربيع الأول
4. Rabi al-sani	ربيع الثاني
5. Dschumada-l-awwal	جمادى الأول
6. Dschumada-l-sani	جمادى الثاني
7. Radschab	رجب
8. Schaban	شعبان
9. Ramadan	رمضان
10. Schawwal	شوال
11. Dhul-Qada	ذو القعدة
12. Dhul-Hidscha	ذو الحجة

(Zusammenstellung: Amir Mohamed Herzog, Islamische Gemeinschaft Berlin)

Feiertage und Feste

Der islamische Festkalender sieht vor allem zwei große Feste im Jahr vor: das **Fastenbrechen** zum Ende des Ramadan und das **Opferfest** im Wallfahrtsmonat Dhul-Hidscha. Ein weiteres großes Fest wird nur im schiitischen Islam gefeiert: das **Aschurafest** zum Gedenken an das Martyrium Husains in Kerbela. Ansonsten unterbrechen 5 kleinere festliche Anlässe die Alltagsroutine und fördern die Verbundenheit der islamischen Gemeinschaft. Während in islamischen Ländern viele weitere Feste mit lokaler Bedeutung stattfinden, insbesondere Feste zur Heiligenverehrung, fehlen den Muslimen, die in nichtislamischen Ländern leben, solche zusätzlichen Festlichkeiten.
Keines der islamischen Feste ist in Deutschland als Feiertag anerkannt, insofern nehmen Erwachsene hierfür in der Regel Urlaub, während für die Kinder schulfrei beantragt wird.

Die wichtigsten islamischen Feste

10. Muharram	Aschurafest (freiwilliges Fasten)
12. Rabi al-Awwal	Maulid al-Nabi (Geburtstag und Todestag des Propheten)
27. Radschab	Lailat al-Miradsch (Nacht der Himmelfahrt des Propheten)
15. Schaban	Lailat al-Bara'at (Nacht der Sündenvergebung)
1. Ramadan	Beginn der Fastenzeit
27. Ramadan	Lailat al-Qadr (Nacht der Bestimmung – Erste Koranoffenbarung)
1. Schawwal	Id al-Fitr (Fest des Fastenbrechens)
10. Dhul-Hidscha	Id al-Adha (Opferfest, anlässlich der Wallfahrt)

Id al-Fitr: Das Fest des Fastenbrechens

Das Fest bildet den Abschluss des Fastenmonats Ramadan und ist insofern ein Fest zur Belohnung für die Anstrengungen und Mühen des Fastens (s. S. 41 f.). Da der Ramadan als der Monat gilt, in dem der Koran herabgesandt wurde, ist es für die Muslime außerdem ein Fest der Freude und der Rückbesinnung auf die Anfänge des Islam.
Das Fest dauert 3 Tage. Zentraler Bestandteil des ersten Festtags ist das gemeinsame Festgebet am Vormittag in der Moschee. Hierzu füllen sich die Moscheen an allen Orten stärker als das ganze Jahr über. Auch in Deutschland sind die Moscheen an diesem Tag so gut besucht wie sonst nie.
Da der Prophet das Fest schon zu seinen Lebzeiten in der Gemeinde von Medina eingeführt hat, orientieren sich einzelne Muslime während der Festtage in vielen Details an den Handlungen Muhammads. So verhalten sie sich, wie es für den Propheten überliefert ist: Vor dem Gebet essen sie eine ungerade Anzahl von Datteln. Sie gehen zu Fuß, gebadet und in frischen Kleidern zum Gebetsplatz und kehren über einen

anderen Weg wieder zurück. Nach dem Vorbild von Muhammad werden zwei Gebetseinheiten gebetet und eine kurze zweiteilige Predigt gesprochen. Alle Anwesenden werden ermahnt, ein Almosen zu entrichten.
In den meisten islamischen Ländern wird der erste Festtag besonders den Kindern gewidmet. In der Türkei heißt er auch das „Zuckerfest". An diesem Tag werden den Kindern Geschenke und Süßigkeiten überreicht und an vielen Plätzen können Kinder Vergnügungen nachgehen. Im deutschsprachigen Raum findet das Fest wegen mangelnder öffentlicher Beachtung vorwiegend innerhalb der Moscheen, Bürger- und Privathäuser statt. Aber auch hierzulande feiert man mit einem üppigen Festmahl und möglichst in großer Gemeinschaft.
An den nächsten Tagen sind in islamischen Ländern Besuche an den Gräbern der Verwandten üblich. Man streut Blumen aufs Grab oder auch Palmenzweige. In Deutschland bleibt es meist bei Verwandtenbesuchen und Telefonaten mit der Verwandtschaft im islamischen Herkunftsland.

Id al-Adha: Das Opferfest

Das Fest beginnt am 10. Dhul-Hidscha und umfasst 3 Feiertage, bei türkischen Muslimen 4 Tage. Das Opferfest ist Teil des Wallfahrtsritus, es beendet die Pilgerfahrt nach Mekka (s. S. 43 ff.). Allerdings begehen alle Muslime weltweit dieses Fest, nicht nur die Pilger in Mekka.
Als Abschlussfest zur Pilgerreise kann es als ein Dankes- und Freudenfest verstanden werden. Die Symbolik des Schlachtopfers erinnert an den Propheten Abraham und daran, wie er in seinem Glauben und seiner Gottesfurcht von Gott geprüft wurde: Abraham wurde von Gott aufgefordert, seinen Sohn Ismail als Opfer darzubringen. Letztlich hielt Gott ihn jedoch von dieser Tat zurück, denn er hatte nur Abrahams Gehorsam testen wollen. Abraham brachte daraufhin ein Tieropfer dar. Im Koran wird allerdings in Sure 22, 37 daran erinnert, dass das Schlachtopfer allein nicht zum Lohn des Paradieses führt, sondern nur die Gottesfurcht:

„Weder [sein] Fleisch noch [sein] Blut gelangt zu Gott, wohl aber die Gottesfurcht (die ihr) eurerseits (empfindet und an den Tag legt)."

Da die Muslime das Opferfest weltweit feiern und einen Teil des Schlachtopfers an Bedürftige spenden, verstehen Muslime es auch als ein Fest der Solidarität mit der gesamten muslimischen Gemeinschaft, der Umma.
Die vordringlichste Aufgabe an diesem Tag ist es, sofern man sich dies finanziell leisten kann, ein Tier zu kaufen und es rituell korrekt zu schächten, d. h. ausbluten zu lassen. Üblicherweise findet die Opferzeremonie im Anschluss an das Festgebet statt. Das Festgebet wird meist vormittags in der Moschee gemeinsam verrichtet und ähnelt im Ablauf dem Ramadangebet. In den nächsten Tagen besucht man Verwandte und Freunde.
In Deutschland ist es prinzipiell nicht erlaubt, den Tod eines Tieres durch Ausbluten herbeizuführen (s. S. 114 f.). Nur auf Antrag erhalten einige muslimische Metzger eine Ausnahmegenehmigung. Vor diesem Hintergrund ist die Pflicht eines jeden Muslims, der über das entsprechende Einkommen verfügt, ein Tier (Schaf, Ziege oder auch Kamel) zu schächten, nicht leicht umzusetzen. Ein Opfertier kostet in Deutschland etwa 100,– Euro. Einige islamische Hilfsorganisationen empfehlen, das Geld stattdessen zu spenden, um Fleisch dort verteilen zu lassen, wo es dringend nötig ist.

Aschura

Das Aschurafest gilt als das wichtigste Fest der Schiiten (s. S. 70 ff.). Es wird zum Andenken an den Tod Husains, des Sohnes Alis, mit Klageprozessionen und Klageritualen begangen. Husain hatte versucht, die Nachfolge seines Vaters anzutreten, um dadurch die schiitische Herrscherlinie gegen den amtierenden ummayadischen Kalifen Yazid durchzusetzen: Er zog gegen die militärische Übermacht Yazids ins Feld und verlor. Am „Zehnten" *(aschura)* des Monats Muharram im Jahre 61 (680 n. Chr.) starben Husain und alle seine

Anhänger schließlich bei der Schlacht in Kerbela (s. S. 72). Die Trauerfeier des Aschurafestes beginnt am 1. und endet am 10. Muharram. Während der gesamten zehn Tage werden die Leidensstationen Husains durch Geißelprozessionen, emotionale Vorträge und kultische Inszenierungen nachempfunden. Die Feiern sind mit Bußübungen der Teilnehmer verbunden, die darin ihre Solidarität mit dem Leiden Husains ausdrücken. In Deutschland ist es nicht möglich, das Fest in dieser Weise zu feiern. Darum bleibt man hierzulande zu Aschura in den Moscheen und Häusern und belässt es bei emotionalen Vorträgen zum Gedenken.
Der 10. Muharram ist im Übrigen auch für Sunniten (s. S. 70 ff.) ein Buß- und Trauertag, wenngleich er für sie nicht annähernd die große Bedeutung hat wie für die Schiiten.

„Heilige Nächte" und kleinere festliche Anlässe

Die kleineren Feste wie der Geburtstag (und Todestag) des Propheten *(Maulid al-Nabi)*, die Nacht der Bestimmung *(Lailat al-Qadr)*, die Nacht der Sündenvergebung *(Lailat al-Bara'at)* und die Nacht der Himmelfahrt des Propheten *(Lailat al-Miradsch)* werden sehr unterschiedlich und individuell je nach Frömmigkeit und regionaler Eigenheit gefeiert. Diese Tage sind auch in islamischen Ländern von offizieller Seite nicht als besondere Feiertage ausgewiesen; sie gelten nicht als verbindliche religiöse Festtage. Ebenso ist die Ausgestaltung der Feste im Allgemeinen nicht genau vorgeschrieben.
In manchen Ländern wie Indien, der Türkei oder Pakistan wird beispielsweise der Geburtstag des Propheten mit Prozessionen und Gesängen in den Städten begangen. Insbesondere sufische Bruderschaften (s. S. 87 f.) organisieren solche Feste. In anderen Ländern wiederum finden keine öffentliche Zeremonien statt. Mindestens aber kann man fast überall in islamischen Ländern die Festlichkeiten der „Heiligen Nächte" an den zusätzlichen Beleuchtungen der Moscheen wahrnehmen.

➤ S. 66

Die Moschee

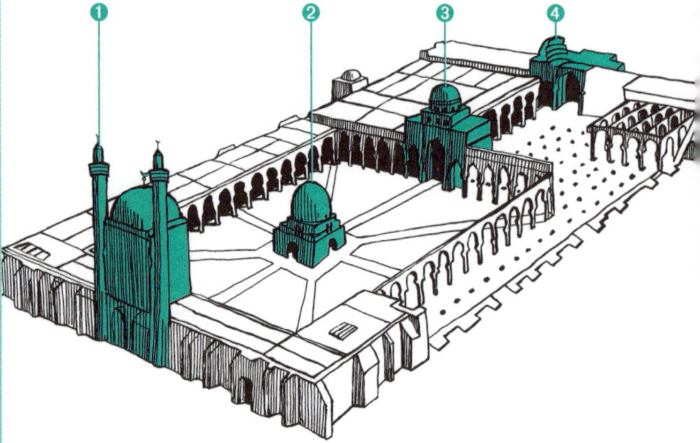

Für **Moscheebauten** gibt es keinen vorgeschriebenen Grundriss wie bei Kirchen. Oftmals gehören zu größeren Moscheen ein Innenhof und mehrere **Minaretts** ❶, zumindest aber ein kleines Türmchen. Ursprünglich hat der Muezzin vom Minarett die Gläubigen zum Gebet gerufen. Heute ertönt oft eine Lautsprecheranlage (s. Foto).

Die **bedeutendsten Moscheen** der islamischen Welt sind:

- das Heiligtum in **Mekka** mit der Kaaba (s. S. 45),
- die Moschee von **Medina**, die von Muhammad als erste Moschee erbaut wurde und zugleich seine Grabstätte ist,
- die Große Moschee in **Damaskus**,
- und die Al-Masdschid-al-aksa, die der Prophet Salomon 691 n. Chr. in **Jerusalem** bauen ließ.

Neben dem Minarett gehören zur Grundausstattung einer **Moschee**:

❷ ein **Brunnen** bzw. fließendes Wasser zur Waschung vor dem Gebet; zwei getrennte Waschanlagen, sofern auch Frauenräume in der Moschee vorgesehen sind.
In islamischen Ländern wurden üblicherweise Brunnen im Innenhof vor dem Moscheeeingang gebaut.

❸ ein **Minbar** (die Kanzel), auf den eine Treppe hinaufführt. Häufig ist die Kanzel rechts neben der Gebetsnische platziert. Von der Treppe der Kanzel wird die Freitagspredigt *(hutba)* gehalten.

❹ ein **Mihrab**, das ist eine Nische in der Innenwand des Gebetsraums, oft mit Stein oder Marmor und Koranzitaten dekoriert. Die Nische zeigt die Gebetsrichtung *(qibla)* nach Mekka an. Das stilisierte Motiv der Gebetsnische sieht man auch auf vielen Gebetsteppichen.

Lautsprecher an der größten Moschee Indiens, der aus rotem Sandstein gebauten Jami Masjid in Old Delhi

Die Muslime in europäischen Ländern vollziehen alle genannten Anlässe, wenn überhaupt, dann nicht öffentlich. Allerdings hat beispielsweise 2002 in einem Frankfurter Stadtteil ein Straßenumzug zu Ehren des Geburtstags des Propheten Muhammad stattgefunden. Bislang feiern Muslime bei uns aber meist im privaten Kreis der Familie oder in der Zurückgezogenheit der Gemeinde. Dabei sind Fastenübungen, z. B. am Aschuratag oder dem Geburtstag bzw. Todestag des Propheten, gemeinsame Abendessen und anschließende Koranrezitationen üblich.

Die Moschee

Die Moschee ist der Ort, an dem sich die Muslime zum Gebet treffen. Moschee heißt arabisch *masdschid*, „der Ort, an dem man zum Gebet niederfällt“. In der Regel werden größere Freitagsmoscheen *(dschami)* und kleinere Gebetsstätten *(masdschid)* unterschieden. Auch die Kaaba (s. S. 45) wird manchmal als „Heilige Moschee“ bezeichnet.

Die Moschee ist kein sakraler geweihter Raum wie eine katholische Kirche. Dennoch ist es geboten, sie sauber und nicht mit Straßenschuhen zu betreten. Innen ist der Gebetsraum mit Matten oder Teppichen belegt.

Die Innenausstattung einer Moschee ist oft relativ schlicht. Aufgrund des **Bilderverbots** (s. Kasten) besteht der Wandschmuck ausschließlich aus Kalligraphien mit dem Namen des Propheten, denen der vier nachfolgenden Kalifen und Zitaten aus dem Koran. Sofern sich die Erbauer dies leisten konnten, zieren die Moschee von innen bunte Mosaikmuster. Große Moscheen wurden in islamischen Ländern oft in Verbindung mit anderen sozialen und bildenden Einrichtungen wie Schulen, Großküchen, Bibliotheken und Krankenstationen gebaut. Manchmal wurden Verwaltungsgebäude des Kalifen direkt an die Freitagsmoscheen angegliedert. Auch Grabmäler von bedeutenden Persönlichkeiten gehören vielfach in einen solchen Baukomplex.

Das Bilderverbot

Eine ausdrückliche Aussage zum Bilderverbot enthält der Koran nicht. Dennoch ist man sich unter Sunniten und Schiiten einig, dass das Verfertigen von Bildern menschlicher oder tierischer Wesen nicht erlaubt ist. Die Verwendung von Bildern ist nur dann erlaubt, wenn keine Gefahr besteht, dass sie angebetet werden. So sind Pflanzenbilder, Puppen zum Spielen oder Statuen ohne Kopf oder Arme nicht verboten. Wandbilder aber, insbesondere im Moscheeraum, sind absolut verpönt.
Im 13./14. Jahrhundert n. Chr. begann man dennoch Bilder zum Leben des Propheten, seiner Himmelfahrt u. a. herzustellen. Der Prophet selbst wird dabei oft mit einem Gesichtsschleier oder einem Flammenhaupt gemalt.
Aufgrund des Bilderverbots hat sich im Islam die Kunst insbesondere auf die **Ornamentik** und die **Kalligraphie** spezialisiert.

Kacheln zieren die Wände der Moschee: Blumenornamentik und geometrische Formen verschmelzen zu einer reichen Dekoration.

Kalligraphie: Kunstvoll arrangierte arabische Schriftzeichen, durch die die heilige Schrift des Korans verehrt und wiedergegeben wird. Die Schönschreibekunst verbindet auf diese Weise moralische Botschaft und Ästhetik.

Der Felsendom am Tempelplatz von Jerusalem

Die Gründe für die Errichtung des Felsendoms zum Ende des 7. Jahrhunderts n. Chr. gehen auf die Legende von der Himmelsreise Muhammads zurück. Vor dem Hintergrund des Koranverses Sure 17, 1

„Gepriesen sei der, der mit seinem Diener (d. h. Muhammad) bei Nacht von der heiligen Kultstätte (in Mekka) nach der fernen Kultstätte (in Jerusalem), deren Umgebung wir gesegnet haben, reiste, um ihn etwas von unseren Zeichen sehen zu lassen."

hat sich die Legende entwickelt, dass Mohammad eine wunderbare Nachtreise unternommen hat. Auf seinem Pferd Buraq, das den Kopf einer Frau hatte, sei er dabei durch die Lüfte nach Jerusalem gelangt. Dort betete er zusammen mit Abraham, Mose, König Salomo und Jesus und stieg dann auf einer goldenen Leiter in das Paradies auf. Nach seinem Besuch im Paradies bestieg er wiederum sein Pferd Buraq und gelangte noch in der gleichen Nacht nach Mekka zurück. Spuren, insbesondere Fußspuren dieser Begegnungen und der Nachtreise, werden auf den Felsen, um die der Dom gebaut wurde, identifiziert.

Für die Juden war der Heilige Felsen seit der Tempelzerstörung (70 n. Chr.) eine Stätte der Verehrung. Der Babylonische Talmud kennt diesen Felsen als den „Gründungsstein". In der Zeit der Kreuzfahrer wurde dieser Ort auch mit christlichen Legenden besetzt.

Mausoleen und Heilige Bauten

Neben der Moschee hat sich im Islam eine eigene Architektur des Grabbaus bzw. des Heiligengrabbaus entwickelt. Grundform des Grabbaus ist die Kuppel über dem Quadrat oder einem Polygon. Ein frühes Beispiel dieser Architektur ist schon der **Felsendom** in Jerusalem (s. Kasten), der aus dem ersten Jahrhundert nach Muhammad stammt.
Die architektonische Ausgestaltung von Gräbern widerspricht zunächst den orthodoxen Vorstellungen des Verbots von Grabzeremonien. Im 12. Jahrhundert jedoch fanden sie weite Verbreitung. Herrscher und große Persönlichkeiten wurden in oftmals städtischen Mausoleen bestattet. Die eigentliche Grabstätte liegt dabei meist in einem unterirdischen Gewölbe und das Bauwerk selbst ist betretbar und manchmal als Moschee gestaltet. Grabbauten von als heilig verehrten Sufis sind viel besuchte Pilgerstätten.

Bekanntestes und größtes Mausoleum ist das Tadsch Mahal im indischen Agra, das Schah Dschahan für seine Frau Mumtas Mahal erbauen ließ (1632–1654), die bei der Geburt ihres 15. Kindes im Jahre 1631 starb.

Islamische Gemeinschaft(en): Einheit und Vielfalt

Wie die Geschichte des Christentums kann auch die Geschichte des Islam als eine Geschichte der Spaltungen (Schismen) geschrieben werden. Der Widerspruch zwischen ideeller Einheit der Umma und faktischer Zersplitterung in unzählige Gruppierungen sticht sofort ins Auge. Wir können diese Zersplitterung als Ausdruck eines Ringens um die richtige Auslegung der Religion ansehen.

Sunniten und Schiiten

Wir wollen uns zunächst den beiden Hauptrichtungen des Islam zuwenden, den **Sunniten** und den **Schiiten**. Die meisten der anderen Gruppierungen und Strömungen lassen sich diesen beiden Hauptrichtungen zuordnen. Zwischen 10 und 15 Prozent der Muslime weltweit werden der Schia zugeordnet, deren größte Untergruppe die **Zwölferschia** ist. Die übrigen 70–75 Prozent der Muslime sind Sunniten. Die Aufspaltung in Schiiten und Sunniten geht auf den bereits erwähnten frühislamischen Streit um das Kalifat zurück (s. S. 20). Während die Anhänger Alis nur diesem und seinen leiblichen Nachfahren die Führung der Umma zugestanden, pochte die Gegenseite auf Vorrechte des mekkanischen Stammesadels der Quraysch. Es ging dabei zunächst um den Konflikt zweier unterschiedlicher Begründungen von Herrschaft. Die Anhänger Alis und die späteren Schiiten vertreten das Prinzip charismatischer Herrschaft: Ihnen zufolge habe Muhammad Ali zu seinem Nachfolger bestimmt. Und nach Alis Tod sei nur den Nachkommen Muhammads über Fatima (Muhammads Tochter und Alis Ehefrau) jene besondere göttliche Begabung eigen gewesen, die sie befähigte, die Muslime in Einklang mit Gottes Willen anzuführen. Die Schiiten nennen diese rechtmäßigen Anführer der islamischen Gemeinde nach Muhammad **Imame** („Vorsteher"). Nach schiitischer Auffassung zeichnen sich Muhammad, seine Tochter Fatima und die Imame durch ein besonderes religiöses Charisma aus. Sie werden als „Leute des Hauses" *(ahl al-bayt)* verehrt.

Die Gegenseite, zunächst die Dynastie der Omaijaden, erkannte das Prinzip eines erblichen religiösen Charismas nicht an. Natürlich standen hinter diesem Konflikt, den spätere Theologen beider Seiten zum Ausgangspunkt ihrer Argumentationen und Lehrmodelle machten, auch politische Interessen. Die Omaijaden repräsentierten die mächtige Stammesföderation der Quraysch und der Nordaraber, während die Anhänger der „Leute des Hauses" hauptsächlich aus Südarabien kamen. Auch die dem Islam beigetretenen Nichtaraber, deren zahlenmäßige und politische Bedeutung stetig zunahm, tendierten zu der Partei Alis und gegen das altarabische Establishment.

Ein Ereignis von zentraler Bedeutung für die Entstehung einer schiitischen Identität war das Drama von Kerbela im Irak. Dort wurden am zehnten des islamischen Monats Muharram im Jahr 680 der zweite Sohn Alis, Husain (für Schiiten der dritte Imam), und fast alle seine Angehörigen von omaijadischen Truppen überfallen und getötet. Husain war mit einer Schar Getreuer auf dem Weg zu seinen Verbündeten nach Kufa gewesen.

Husain war der letzte der zwölferschiitischen Imame, der nach politischer Herrschaft strebte. Nach Kerbela zogen sich die Imame aus der Politik zurück und beschränkten sich auf ihren religiösen Führungsanspruch. Zwar war die **abbasidische Revolution** zunächst auch schiitisch motiviert und unterstützt, jedoch sollte sich schon der zweite abbasidische

Kerbela, der Marsch der Büßer und die Passionsspiele

Die Anhänger Husains beschuldigten sich nach dem Massaker von Kerbela, dass sie ihrem Imam nicht zur Hilfe gekommen waren. Um hierfür Buße zu tun, setzte sich vier Jahre nach dem Drama von Kerbela ein Trupp Schiiten von Kufa aus gegen die Omaijaden in Syrien in Bewegung. Dieser so genannte Marsch der Büßer, der im Jahre 685 von omaijadischen Truppen aufgehalten und vernichtend geschlagen wurde, ist ein Meilenstein für die Entwicklung einer eigenständigen schiitischen Identität und Frömmigkeit. Die jährliche Erinnerung an diese Ereignisse bildet den Höhepunkt des religiösen Festkalenders und wird bei den so genannten Aschura-Feierlichkeiten (s. S. 62 f.) im Monat Muharram mit dramatischem szenischem Theater und Trauerprozessionen, zum Teil mit Selbstgeißelungen begangen. Die traditionelle Verfluchung der ersten drei (nach schiitischem Glauben unrechtmäßigen) Kalifen bei diesen Feierlichkeiten hat oft zu gewaltsamen Auseinandersetzungen mit hierdurch aufgebrachten Sunniten geführt. Schiiten erzählen die Geschichte ihres Glaubens als eine Leidensgeschichte. In der kollektiven schiitischen Erinnerung an Kerbela ist dieses Leiden metaphorisch konzentriert. Der schiitischen Erzählung zufolge starben die ersten elf Imame alle den Märtyrertod.

Kalif wieder dem schiitischen Einfluss entziehen. Das Prinzip der politischen Enthaltsamkeit wurde von den Imamen Nummer fünf und sechs, Muhammad al-Baqir (gest. 733) und Dschafar al-Sadiq (gest. 765), theologisch begründet und sollte über Jahrhunderte hinweg schiitische Leitlinie bleiben.

Der elfte Imam, Hasan al-Askari, schien bei seinem Tod 874 keine Nachkommen hinterlassen zu haben. Dann jedoch machte sich die Auffassung breit, dass er einen Sohn Namens Muhammad habe, der jedoch seiner Sicherheit wegen versteckt bleibe. Bis ins Jahr 941 hielt dieser Zustand der „kleinen Verborgenheit“ an, in dem der zwölfte Imam noch körperlich auf Erden weilte. Seitdem gilt er jedoch als in die „große Verborgenheit“ entrückt, von wo er am Ende der Zeiten als Mahdi (Messias) zurückkehren werde, um die Ungerechtigkeit und Unterdrückung auf der Welt zu beenden, den schiitischen Glauben durchzusetzen und die Menschheit auf das Jüngste Gericht vorzubereiten.

Besonderheiten der Zwölferschia im Vergleich zur Sunna

Die Zwölferschia hebt sich nicht nur in ihrer Interpretation der Frühzeit des Islam von der Sunna ab. Der politische Konflikt führte zu unterschiedlichen Entwicklungen von Glaube und Frömmigkeit. Ausgangspunkt des Streits waren widersprüchliche Vorstellungen über das Kalifat beziehungsweise Imamat („Amt des Imams“). Ging es in dem Konflikt um die Leitung der Gemeinde zunächst um die Frage, welche Qualitäten ihren Führer auszeichnen müssten, so hat die schiitische Theologie ab dem 6. Imam Dschafar al-Sadiq an eine ausgefeilte Imamatslehre entwickelt. Sie wurde jedoch erst im 10. Jahrhundert, nach der endgültigen **Entrückung des zwölften Imam Muhammad al-Mahdi**, vollendet. Der Glaube an den in der Entrückung harrenden zwölften Imam Mahdi ist ein grundlegendes Dogma der Zwölferschia und steht in seiner Bedeutung gleich nach dem Glauben an die Einheit Gottes und Muhammads Prophetentum.
Muhammads Tochter Fatima und den Imamen kommt in der Schia eine besondere Bedeutung zu, die oft mit derjenigen Marias und der Heiligen im Katholizismus verglichen wird. Der Mensch kann sich in seiner Not an sie wenden und ihre vermittelnde Fürsprache bei Gott erhoffen. **Muhammad**, **Fatima** und die **12 Imame** gelten als von Gott erwählt und von Natur aus ohne Sünde. Alis besondere Rolle als erster Imam und einziger legitimer Nachfolger Muhammads als Gemeindeführer wird durch den Zusatz zum Glaubensbe-

kenntnis „und Ali ist der Freund Gottes“ zum Ausdruck gebracht. Während die Sunniten den (im Idealfall gewählten) Leiter der islamischen Gemeinschaft, den **Kalifen**, als Gleichen unter Gleichen ansehen und das Verhältnis zwischen ihm und den Muslimen als ein Verhältnis gegenseitiger Abhängigkeit bestimmen, steht der Imam klar über den Gläubigen. Er ist als Imam bestimmt und von Gott mit besonderem religiösem Wissen ausgestattet. Seine Präsenz auf der Welt (ob verborgen oder sichtbar) gilt als Bedingung für ihr Fortbestehen. Dabei ist es zweitrangig, ob der Imam auch die politische Herrschaft hat oder nicht. Sie steht ihm zwar von Natur aus zu, seine primäre Aufgabe liegt jedoch in der spirituellen Führung seiner Anhänger. Während Sunniten der Auffassung sind, dass die göttliche Führung der Umma mit dem Tode Muhammads und dem Abschluss der Offenbarung geendet habe, glauben die Schiiten an die Notwendigkeit direkter göttlich inspirierter Anleitung durch die von Gott bestellten Imame. Das Bekenntnis zum Imam gilt Schiiten dabei als Weg zum Seelenheil. Wer den Imam anerkennt, kann darauf bauen, dass dieser sich vor Gott für ihn einsetzen wird. Gleichzeitig erlaubt die schiitische Theologie den Gläubigen jedoch, in einer Situation der Gefahr das eigene Glaubensbekenntnis zu verheimlichen. Die **Praxis der Verstellung** *(taqiya)* als religiöse Pflicht in einer Bedrohungssituation wurde und wird von Schiiten vor allem da angewandt, wo sie sich in einer Minderheitensituation befinden und wo Schiiten diskriminiert werden.

Sunna und Schia unterscheiden sich grundsätzlich in ihrem **Verständnis der jeweiligen geistlichen Autoritäten**. Die orthodoxe Sunna (anders verhält es sich bei dem Sufitum, s. S. 84 ff.) kennt kein religiöses Mittlertum. Der Gläubige ist in seiner Beziehung zu Gott auf sich allein gestellt. Der Vorbeter (Imam) oder islamische Theologe *(alim)* kann ihm zwar Rituale und Glauben erklären, ihm jedoch nicht Gott gegenüber beistehen. Insofern verfolgt die Sunna einen radikal individualistischen Weg: Der einzelne Muslim kann sich nur auf sein eigenes Tun und auf die Gnade Gottes verlassen;

vor Gott ist jeder gleich, es gibt keine Privilegien. Ganz anders ist dies in der Schia. Muhammad, Fatima und die 12 Imame können jederzeit um Beistand angefleht werden. Auch die **Klasse der Theologen** hat einen anderen Status inne als in der Sunna. Denn in der Schia bildete sich im Lauf der Zeit eine Art **Klerus** heraus, der sich von den Laien abgrenzt und in sich hierarchisch gegliedert ist. Diese schiitischen Schriftgelehrten verstanden sich ab dem Mittelalter zunehmend als kollektive Stellvertreter des Imam und eigneten sich nach und nach bestimmte Privilegien an, welche in der frühen schiitischen Theologie noch allein den Imamen vorbehalten waren. Diese Privilegien sind: die Leitung des Freitagsgebets, die Anordnung der im Koran festgelegten Leibesstrafen, die Erhebung bestimmter Steuern sowie das Recht, den Glaubenskrieg (Dschihad, s. S. 55) auszurufen. Auch das Privileg der Auslegung des Koran und des Rechts, welche prinzipiell der Zustimmung durch den Imam bedarf, wurde mit zunehmender Dauer der Abwesenheit des Imam Mahdi den schiitischen Schrift- und Rechtsgelehrten übertragen. Ausgewiesene Experten des islamischen Rechts können als Mudschtahid (zur eigenständigen Rechtsauslegung befähigter Rechtsgutachter) anerkannt werden.
Der nicht selbst zur Gesetzesauslegung befugte Gläubige muss sich bei unklaren Gesetzesfragen an einen Mudschtahid wenden. Man könnte sagen, dass mit den Privilegien des Imam auch ein Teil des imamischen Charismas auf die schiitischen Schriftgelehrten übergegangen ist. Der geistige Anführer der iranischen Revolution von 1979, und bis zu seinem Tod 1989 Staatspräsident des Iran, Ayatollah Khomeini, verkörpert den Höhepunkt dieser Entwicklung. Für viele Zwölferschiiten war Khomeini Träger eines fast imamischen Charismas.
Aus der Benennung „Sunna“ und „Schia“ könnte man leicht ableiten, dass die Sunna, die auf den **Hadith** (s. S. 19) gestützte Tradition, bei den Schiiten weniger bedeutsam sei. Das ist nicht der Fall. Jedoch sind die von Sunniten und Schiiten jeweils tradierten Hadithe nicht deckungsgleich. Die

Schia anerkennt keine Hadithe, die über einen der drei ersten sunnitischen Kalifen tradiert wurden. Schiiten unterscheiden ferner zwischen Propheten- und Imam-Hadith. Letzteres gilt als besondere Quelle für die Interpretation des Koran, was von den Sunniten natürlich bestritten wird. Wenn auch etwas später als die Sunniten, haben auch die Schiiten ihre Hadithe systematisiert und ihre eigene Hadithwissenschaft begründet. Die Bewertung der Echtheit eines Hadith unterliegt ähnlichen Kriterien bezüglich der Verlässlichkeit seiner Überlieferung wie bei den Sunniten. Die Schia hat zudem auch eine eigene **Rechtstradition** entwickelt, die sich allerdings nur geringfügig von der sunnitischen Rechtstradition unterscheidet.

Islamisches Recht (Scharia) und islamische Rechtswissenschaft

Für **Sunniten** sind der Koran und die in den Hadithen (s. S. 19) tradierte Sunna primäre Quellen des islamischen Rechts, der Scharia. Schon früh zeigte sich jedoch, dass diese beiden Rechtsquellen nicht ausreichen, um alle neu aufkommenden Fragen zu beantworten. So entwickelten sich zwischen dem 8. und 9. Jahrhundert **vier Rechtsschulen** (Hanafiten, Malikiten, Hanbaliten, Schafiiten), die die Richtlinien der islamischen Rechtswissenschaft *(fiqh)* ausarbeiteten. Diese vier Rechtsschulen werden allgemein als gleichberechtigt anerkannt. Sie unterscheiden sich in ihrer Abwägung der beiden grundlegenden **Mittel zur Rechtsfindung: der Tradition** *(hadith)* einerseits und **der auf Vernunft basierenden individuellen Meinung** *(ray)* andererseits. Während die Hanafitische Rechtsschule, die in der Türkei und in den Republiken Zentralasiens dominiert, dem Ray relativ großes Gewicht beimisst und deshalb auch als die flexibelste Rechtsschule gilt, ist die in Saudiarabien verbreitete Hanbalitische Rechtsschule deutlich konservativer,

das heißt, sie misst der Tradition eine viel größere Bedeutung zu.
Die **primären Rechtsquellen** sind für alle vier Rechtsschulen der **Koran** und der **Hadith**.
Des Weiteren anerkennen sie den **Analogieschluss** und den **Konsens der Gelehrten** als Mittel zur Rechtsfindung. Mittels des Analogieschlusses *(qiyas)* versucht man, die Lösung eines Problems durch die Übertragung vergleichbarer Regelungen schon anerkannter Rechtspraxis zu lösen. Der Konsens *(idschma)* beruht auf der Anschauung, dass sich die Gemeinschaft der Gelehrten nicht irren könne. Ihre Einigkeit in einer bestimmten Frage hat deshalb (theoretisch zumindest) Gesetzeskraft.
Ein weiteres Mittel zur Rechtsfindung ist der **Idschtihad**, die direkte individuelle Rechtsfindung des Gläubigen durch das Studium der Rechtsquellen. Im Gegensatz zur Schia haben die sunnitischen Rechtsschulen den Idschtihad schon im 9. Jahrhundert untersagt, weil man durch eine sich ständig erneuernde und erweiternde Rechtsauslegung Rechtschaos befürchtete. In jüngerer Zeit berufen sich allerdings modernistische islamische Theologen wieder verstärkt auf das Recht zum Idschtihad. Insbesondere **Islamisten** (s. S. 91 f.) verwenden ihn zur Rechtfertigung ihrer politischen Ansprüche.

Wie bei den Sunniten gelten auch bei den **Schiiten** Koran und Sunna als wichtigste Rechtsquellen. Im Vergleich zu den sunnitischen Rechtsschulen spricht die schiitische Rechtstradition der Vernunft und dem Räsonnement eine größere Bedeutung zu. Lange Zeit umstritten, hat sich in den letzten Jahrhunderten die Meinung durchgesetzt, dass der Idschtihad prinzipiell erlaubt sein müsse. Er dürfe allerdings nur von einem anerkannten Rechtsgelehrten durchgeführt werden und unterliege in Zeiten der Abwesenheit des Imams der Vorläufigkeit. **Trotz Unterschieden in der Rechtstheorie unterscheiden sich sunnitische und schiitische Rechtspraxis nur wenig voneinander.**

Schiitische Sondergemeinschaften

Neben den Zwölferschiiten, von denen bis hierher ausschließlich die Rede war, haben sich in der Frühgeschichte des Islam noch andere kleinere „schiitische“ Gruppierungen gebildet, die auch zur „Partei Alis“ (Schia) gehören, jedoch eine andere historische Entwicklung genommen haben als die Zwölferschia.

Die Ismailiten

Die nach den „Zwölfern“ größte schiitische Gemeinschaft ist diejenige der Ismailiten (Ismailiyya), auch „Siebenerschiiten“ genannt, da sie im Unterschied zu den Zwölferschiiten nur sieben Imame anerkennen. Die Ismailiten verehren Ismail, den ältesten Sohn des sechsten Imams Dschafar al-Sadiq, als siebten Imam, während die späteren Zwölferschiiten Dschafars zweiten Sohn Musa als den rechtmäßigen Imam ansahen. Den Ismailiten zufolge rückte Ismails Sohn, Muhammad, in die Verborgenheit und wird von dort aus einst als Mahdi (islamischer Messias) zurückkehren. Charakteristisch für die Ismailiyya ist die Naherwartung des Mahdi, die sie zu einer regen Missionstätigkeit anspornte und sie im Verlauf der frühislamischen Geschichte oft zu militärischen Aufständen ermutigte, sowie ihre esoterische Koranauslegung.

Ismailiten unterscheiden zwischen dem „äußeren“ und dem „inneren“ Sinn der Offenbarung. Diese Betrachtungsweise wurde von manchen Ismailiten auf die Interpretation der Religion als Ganzer übertragen. Einige vertraten sogar die Meinung, man könne auf die rein äußerliche Anwendung des islamischen Rechts, die Scharia (s. S. 76 f.), gänzlich verzichten. Die Unterscheidung von „Äußerem“ und „Innerem“, die „Lehre vom Inneren“ *(batiniyya)*, findet sich auch heute in den Lehren der islamischen Mystik (s. S. 84 ff.).

Gegen Ende des 9. Jahrhunderts spalteten sich die Ismailiten in zwei Hauptrichtungen, **Fatimiden** und **Karmaten**, auf.

Im Überblick: Islamischen Glaubensrichtungen

Die beiden Hauptrichtungen:

- **Sunniten:** größte Glaubensrichtung des Islam – Abspaltung (im späten 19. Jh.): **Ahmadiyya** in Pakistan
- **Schiiten:** Partei (Schia) Alis, des Schwiegersohn Muhammads. Schiiten erkennen nur die Nachkommen Muhammads und Alis als Oberhaupt (Imam) an.

Sondergemeinschaften:

Die verschiedenen schiitischen Richtungen des Islam unterscheiden sich darin, wen sie als Imame anerkennen.

- **Zaiditen:** erkennen den *5. Imam Zayd Ibn Ali* (gest. 740) als letzen Imam an.
- **Nizari-Ismailiten:** erkennen den *7. Imam Ismail* (gest. 760) als letzten Imam an. Naherwartung von Ismails Sohn Muhammad, der in der Verborgenheit lebt, als islamischen Messias (Mahdi). Oberhaupt: Aga Khan. Aufspaltung am Ende des 9. Jahrhunderts in **Fatimiden** und **Karmaten**.
- **Alawiten (Nusayrier):** Abspaltung von den Ismailiten. Verehren Ali als göttliche Manifestation.
- **Zwölferschiiten:** größte schiitische Gruppierung. Erkennen den *12. Imam Muhammad* (gest. 874) als letzten Imam an. Er lebt in der Verborgenheit, von wo er einst als Erlöser (Mahdi) zurückkehren soll.
- **Drusen:** beziehen sich auf den Fatimiden-Kalifen Hakim, den sie als göttlich verehren. Werden von den anderen Muslimen nicht anerkannt.
- **Aleviten:** von den anderen islamischen Glaubensrichtungen nicht anerkannte Gemeinschaft mit schiitischen Einflüssen (s. S. 82 f.).

Die Fatimiden gründeten im Jahre 909 ein eigenes Kalifat in Ägypten, das bis ins späte 12. Jahrhundert Bestand hatte. Ismailiten waren in der weiteren Geschichte des Islam immer wieder Verfolgungen ausgesetzt; oft wurden und werden sie als Ketzer gebrandmarkt, die vom wahren Pfad des Islam abgewichen seien. In der Regel werden sie weder von Zwölferschiiten noch von Sunniten anerkannt. Die Randposition innerhalb der islamischen Tradition fand auch eine geographische Entsprechung. Die Gruppe der Nizari-Ismailiten ist die heute noch am weitesten verbreitete ismailitische Gemeinschaft: Nizari-Ismailiten leben in Indien und Pakistan, Ostafrika, Westchina, Zentralasien, Nordamerika und Europa. Ihr spirituelles Oberhaupt ist der Aga Khan, ein Nachfahre in direkter Linie vom Imam Ali. Nizaris verehren den Aga Khan als den „gegenwärtigen Imam".

Weitere Sondergemeinschaften

Die nach den Zwölferschiiten und den Ismailiten größte schiitische Sondergemeinschaft ist diejenige der **Zaiditen**, die regional auf den Jemen begrenzt ist, wo sich vom 9. Jahrhundert an bis 1963 ein zaiditischer Staat halten konnte. Die Zaiditen führen die Reihe der Imame anders als Zwölferschiiten und Ismailiten über Zayd Ibn Ali weiter, einen Enkel Husains, den sie als 5. Imam verehren. Den Zaiditen zufolge kann jeder Nachkomme Alis Imam werden, vorausgesetzt er ist von untadeligem Charakter, belesen und bewandert in der Kunst der Kriegsführung.
Weitere Gruppierungen am Rande der islamischen Tradition, die insofern als schiitisch bezeichnet werden können, als sie Ali eine besondere Verehrung erweisen, ja ihn oft mit göttlichen Attributen versehen oder als Manifestation Gottes betrachten, sind die **Nusayrier (Alawiten)** in Syrien, die von den Fatimiden abstammenden **Drusen** im Libanon und in Syrien, die **Aleviten** (s. S. 82 f.) in der Türkei, sowie mit Abstrichen die **Ahl-i Haqq** („Volk Gottes") vor allem im Iran.
Die größte Abspaltung vom sunnitischen Islam ist die **Ahmadiyya**. Der Name der Bewegung leitet sich von ihrem

Muslime Gruppierungen weltweit – Zahlen

Seriöse Schätzungen des Anteils der **Muslime** an der Weltbevölkerung (ca. 6 Milliarden) gehen von ca. 1,2 Milliarden aus (das sind ca. 20 Prozent). Damit ist der Islam die nach dem **Christentum** (ca. 2 Milliarden) größte Religion weltweit, gefolgt von **Hindus** (ca. 800 Millionen) und **Buddhisten** (ca. 320 Millionen). (*Stand 2000*)

80 % der islamischen Weltbevölkerung sind **Sunniten** und 15 % **Zwölferschiiten**. Die meisten Schiiten leben im Iran (ca. 90 % der Bevölkerung) und im Irak (ca. 60 %). Größere zwölferschiitische Minderheiten gibt es in Saudi-Arabien und im Libanon.

Auf bestimmte Regionen begrenzte **islamische Sondergruppen** – die gleichwohl oft von vielen Muslimen nicht mehr als solche anerkannt werden:

Aleviten:	Türkei	ca. 10–15 Mio.
Nizari-Ismailiten:	Indien, Pakistan, Iran, Syrien	ca. 20 Mio.
Zaiditen:	Jemen	ca. 8 Mio.
Alawiten (Nusayrier):	Syrien	ca. 2 Mio.
Drusen:	Libanon und Syrien	ca. 0,5 Mio.

Gründer Mirza Ghulam Ahmad ab, der 1835 in Indien geboren wurde. Ahmad erklärte, er würde Offenbarungen empfangen, sei also ein Prophet. Einige seiner Anhänger halten ihn außerdem für den von den Muslimen erwarteten Mahdi. Für orthodoxe Muslime sind dies ketzerische Ansprüche, wird doch Muhammad als letzter Prophet verehrt. Ahmadis werden deshalb in der Regel von Muslimen nicht anerkannt und waren und sind oft Verfolgungen ausgesetzt. Dennoch betreiben die Ahmadis eine recht erfolgreiche Missionsarbeit, auch unter Nichtmuslimen.

Die Aleviten

Türkische Aleviten und syrische Alawiten sollten nicht miteinander verwechselt werden. Beide Gruppen unterscheiden sich sowohl hinsichtlich ihrer Religionsgeschichte als auch in ihren grundlegenden Glaubensvorstellungen und ihrem Ritus.
Zwischen 15 und 20 Prozent der türkischen Staatsbürger sind Aleviten. Zirka ein Drittel von ihnen Kurden, zwei Drittel von ihnen Türken.
Aleviten repräsentieren eine volkstümliche türkische Religiosität, geprägt von Heiligenverehrung, Naturkult und islamischer Mystik.
Die Bezeichnung „Alevit" verweist auf **Ali**, den ersten schiitischen Imam, den Aleviten als ihren spirituellen Führer anerkennen. Wie die Zwölferschiiten verehren sie die zwölf Imame; das Gedenken an **Kerbela** (s. S. 72) ist zentrales Element ihrer religiösen Feiern. Ein wesentliches alevitisches Glaubensprinzip ist die „Einheit von Gott, Muhammad und Ali". Ali gilt den Aleviten als göttlich inspiriert und mit göttlichen Attributen versehen. Dahinter verbirgt sich ein mystisches Religionsverständnis, dem zufolge sich Gott nicht in der Schrift, sondern in der Welt und vor allem im Menschen offenbare. Der Koran wird zwar formal anerkannt, hat in der Glaubenspraxis aber kaum Bedeutung. Die Aleviten folgen auch nicht der Scharia und den aus ihr abgeleiteten islamischen Pflichten. Ihrer Ansicht nach steht die Scharia für eine rein äußerliche Religiosität, die sie als oberflächlich zurückweisen. Es geht den Aleviten um einen mystischen inneren Weg. Dieser Weg hat verschiedene Stufen oder „Tore", die von den Gläubigen unter Anleitung eines spirituellen Führers *(mürschid)* durchschritten werden. Diese **Stufenlehre des spirituellen Weges** und andere mystische Vorstellungen bringen die Aleviten in die Nähe der islamischen Mystik, des Sufismus (s. S. 84 ff.). Darüber hinaus haben sich im Alevitum (türkisch: *Alevilik*) auch vorislamische Elemente des türkischen Schamanismus erhalten, die

Zentrale Sinnsprüche und ethische Lehrsätze
des alevitischen Heiligen *Haci Bektasch Veli*, Anatolien 13. Jahrhundert

- „Das bedeutendste Buch, das man lesen kann, ist der Mensch."
- „Beherrsche deine Hand, deine Zunge, deine Lenden!" (Verbot von Diebstahl, Verrat und übler Nachrede, Unzucht)
- „Was du auch suchst, suche es in dir!"
- „Der Mensch ist die Kaaba."

sich vor allem in der Rolle des alevitischen „Priesters", des Dede („Großvater"), zeigen. Der Dede ist spiritueller Führer und charismatischer Mittler, Schlichter und Heiler.
Am zentralen Ritus der Aleviten, der „Feier der Gemeinschaft" *(ayn-i cem)*, die in Privathäusern oder heute auch in eigens dafür reservierten Räumen alevitischer Vereine stattfindet, nehmen Männer und Frauen gemeinsam teil. Musik, Gesang, Gebet und Tanz sind Kernelemente der **Cemfeier**, die nach einem genau vorgegebenen Schema abläuft, wenn es auch regionale Unterschiede gibt. Das Alevitum verbindet islamische und vorislamische türkische Vorstellungen und Praktiken in einer Weise, die eine eindeutige Zuordnung zum Islam schwer macht. Die Frage, wie der Islam zum Alevitum und wie das Alevitum zum Islam steht, wird in der Türkei und auch in Deutschland heiß diskutiert. Für viele Sunniten und Schiiten sind die religiösen Vorstellungen und Praktiken der Aleviten schlicht ketzerisch, was in der Geschichte zur Verfolgung der Aleviten geführt hat. In der Türkei sind sie bis heute noch nicht als Religionsgemeinschaft anerkannt; ihre Stellung hat sich in den letzten zwei Jahrzehnten allerdings verbessert.

Der Sufismus: die islamische Mystik

Die Vielschichtigkeit des Islam zeigt sich nicht nur in der Aufspaltung in Sunniten, Schiiten und weiteren Sondergruppen. Sie zeigt sich auch in dem Nebeneinander von mehr an der Wortbedeutung der Schrift und am formalen Religionsgesetz orientierten Muslimen und den Sufis, den Mystikern des Islam. Im Vergleich zur rationalistischen Gelehrsamkeit der islamischen Theologie verkörpert der Sufismus einen Islam, der sehr viel mehr „irrationale" Erfahrungselemente sowie regionale volkstümliche Glaubensvorstellungen und Bräuche enthält. Seiner Offenheit und Flexibilität wegen trug der Sufismus bedeutend zur Verbreitung des Islam bei.

Die Ursprünge des Sufismus

Die religionsgeschichtlich nachweisbaren Anfänge des Sufismus, der als spirituelles Ziel die **geistige Vereinigung mit Gott** (unio mystica) anstrebt, liegen im 8. und 9. Jahrhundert. In seinen Ursprüngen war der Sufismus eine weltablehnende **Askesebewegung**. Diese Asketen wurden auf Arabisch *faqir* („arm") genannt, wovon unser Lehnwort Fakir abstammt. Die „Fakire" zogen sich wie christliche Eremiten aus der Gesellschaft zurück und widmeten ihr Leben der Besitzlosigkeit und der Zügelung körperlicher Bedürfnisse. Der islamische Begriff für Sufismus, Tasawwuf, kann mit „Reinigung" übersetzt werden. Er drückt einen spirituellen Reinigungsprozess aus, den sich der Sufi zum Lebensziel gemacht hat.

Der frühislamische Sufismus war eine religiöse Erneuerungsbewegung, die sich gegen „Neuerungen" wandte, die als dekadent empfunden wurden: Die erfolgreichen Eroberungen der Muslime brachten Reichtum, der zu weltlichen Ausschweifungen führte – die Sufis sahen in dieser Entwicklung eine Gefahr für die religiöse Botschaft des Islam. Sich auf die reine islamische Botschaft berufend kritisierten sie insbesondere das Omaijadische Herrscherhaus (s. S. 21 f.), das diese Verweltlichung repräsentierte.

Hasan al-Basri (gest. 728), einer der ersten Sufi-Fakire, brachte seine Verachtung für das Weltliche sehr drastisch zum Ausdruck: „Die niedrige, materielle Welt ist ein Haus dessen Bewohner sich umsonst abmühen. Nur wenn wir uns ihrer enthalten, können wir in ihr glücklich werden. Denn diese Welt ist so unbedeutend; sie hat vor Gott keinerlei Wert und Bedeutung."

Diese weltablehnende Haltung des frühen Sufismus fand ihren Höhepunkt mit dem Auftreten von **Rabia al-Adawiyya** (gest. 801), der Patronin islamischer Mystikerinnen, die wie Hasan (s. Kasten) aus Basra (im heutigen Irak) stammte. Rabia al-Adawiyya verband die weltablehnende Askese mit dem Motiv bedingungsloser Gottesliebe. Folgende Zeilen von Rabia al-Adawiyya veranschaulichen ihre radikale Hinwendung zu Gott: „Ich will Feuer ins Paradies werfen und Wasser in die Hölle gießen, damit diese beiden Schleier verschwinden und niemand mehr Gott anbetet aus Sehnsucht nach dem Paradies oder aus Höllenfurcht, sondern einzig und allein aus Liebe zu Ihm."

Das Streben nach der Nähe Gottes mit dem Endziel der mystischen Vereinigung mit Gott wurde zum Hauptanliegen des Sufismus. Der Sufismus befriedigt Bedürfnisse nach spiritueller Führung und Gemeinschaft, nach religiösem Erleben bis hin zur Ekstase und nach einer mystischen Erklärung der Welt. Insofern kann er als Reaktion auf einen individualistischen und nüchternen Gesetzesislam betrachtet werden, der die Religion formalistisch und ritualtechnisch interpretierte und kaum am religiösen Erleben interessiert war. Viele Sufis schauen hingegen *hinter* das Religionsgesetz und die äußerlichen Bedeutungen des Islam. Sie fragen nach einem im Gesetz verborgenen Sinn. Die Richtung des Sufismus, die der „Bedeutung dahinter", dem „Inneren" der formalen Regeln, mehr Bedeutung zusprechen als der „äußeren", wörtlichen Bedeutung des Koran und des Gesetzes wird auch als **Batiniyya** bezeichnet.

Kurzporträt — **Al-Ghazali** (1058–1111)

Rechtsgelehrter, Theologe, Philosoph und Mystiker

„Wer glaubt, dass die Enthüllung der Wahrheit nur von den niedergeschriebenen Argumenten abhängig ist, der hat die große Barmherzigkeit Gottes eingeengt."

Al-Ghazali gilt als einer der bedeutendsten Reformer der islamischen Wissenschaften. Er wurde 1058 im nordiranischen Tus als älterer von zwei Söhnen eines Wollspinners geboren. Später studierte er bei den berühmten Lehrern seiner Zeit. Nicht nur die islamische Rechtswissenschaft und die Theologie, sondern auch die Philosophie interessierten ihn. So wurde er nach Bagdad eingeladen, um dort zu lehren und den Sultan im ideologischen Kampf für die Verbreitung und Verteidigung der sunnitischen Orthodoxie und gegen die Batiniyya (s. S. 85) zu unterstützen. An der Bagdader Nizamiya-Medrese wurde Ghazali zu einem berühmten und angesehenen Gelehrten.

Nachdem er ein Werk über die Philosophie seiner Zeit verfasst hatte, schrieb Al-Ghazali eine Kritik zum vorherrschenden Glauben an die Erkenntnisfähigkeit der Vernunft. Darin hinterfragt er die Vorstellung, dass man durch reine Sinneswahrnehmung auf Gesetzmäßigkeiten schließen könne. Was man sehe, seien vielmehr immer nur Abfolgen von Geschehnissen, argumentierte Al-Ghazali. Der einzige Urgrund einer Kausalität könne nur in Gott gesehen werden. Nur so seien auch Wunder erklärbar.

Ghazali geriet 1089 in eine Krise, die ihm zwischenzeitig auch das Lehren unmöglich machte. Sechs Jahre später legte er sein Amt an der Bagdader Nizamija-Medrese nieder, um zu reisen und sich der ‚Erziehung seines Herzens' zu widmen: Es wurde ihm zur Gewissheit, dass allein die Sufis den Pfad zu Gott beschreiten. Elf Jahre dauerte seine Zurückgezogenheit, die er allerdings nicht ohne zu schreiben verbrachte. 1106 zog es ihn wieder in seine Geburtsstadt Tus, wo er sich intensiv mit der Mystik beschäftigte, eine Art Autobiographie schrieb und neben seinem Wohnhaus eine Schule und ein Gästehaus für Mystiker errichten ließ. Ghazali vereinte den zu diesem Zeitpunkt sehr umstrittenen Sufismus auf eine moderate Weise mit dem orthodoxen sunnitischen Islam.

Die Sufiorden

Der Sufismus hat sich in unzähligen verschiedenen Schulen entwickelt, die sich beträchtlich voneinander unterscheiden. Manche stehen fest auf dem Boden des Religionsgesetzes (Scharia), während andere diesen Boden längst verlassen haben.
Heute ist der Sufismus vor allem in Form von Sufiorden organisiert. Die ersten Orden (*tarīqa*, arabisch, wörtlich „Pfad") bildeten sich im 12. Jahrhundert. Seither sind die mystischen Orden, die alle Muhammad als Ausgangspunkt ihrer spirituellen Tradition verehren, maßgebliche Träger der religiösen Vorstellungen und rituellen Praktiken des Sufismus. Über die Orden, die sich im Lauf der Zeit immer weiter verzweigten und deren Netzwerke schnell die gesamte islamische Welt durchzogen, ist der Sufismus zu einem Massenphänomen geworden.
Bis ins 19. Jahrhundert hinein war die Sufigemeinschaft in vielen islamischen Ländern die dominante religiöse und soziale Organisationsform. Deshalb hatten Sufiorden auch bedeutende **politische Macht**. Ihre Netzwerke bildeten ungemein effektive Kommunikationskanäle und die Loyalität zu einem Scheich wurde auch für politische Zwecke genutzt. Bedeutende Sufischeiche konnten mit ihrer Autorität Herrschaftsstrukturen stützen oder aber über ihre Anhänger eine Opposition aufbauen oder gar politische Revolten initiieren. Sufiorden und sufiähnliche Netzwerke organisierten die größten Aufstände gegen die säkularistische Politik Mustafa Kemal Atatürks (s. Kurzportrait S. 27 f.) in den Anfangsjahren der Türkischen Republik. In der Konsequenz setzte Atatürk im Jahr 1925 ein rigides Verbot der Sufiorden durch. Der Sufismus war in der Türkei jedoch zu stark verankert und seine informellen Netzwerke zu wenig kontrollierbar, um völlig ausgelöscht werden zu können. Sein Einfluss hat sich gleichwohl sehr verringert.
Jeder Orden wird von einem Scheich geleitet. Der Scheich muss von einem Vorgänger in diese Rolle eingeweiht wor-

den sein und diese Einweihungsreihe *(silsila)* muss bis zu Muhammad zurückreichen. Die Sufis glauben, dass Muhammad im Besitz eines besonderen mystischen Wissens gewesen sei, das in den Ordenstraditionen weitergegeben wird. Sufiorden sind Beitrittsgemeinschaften. Man muss in einen Orden initiiert werden, um an seinen Riten teilnehmen zu können. Wer sich einem Scheich anschließt, erkennt diesen als seinen spirituellen Führer *(murschid)* an und ist ihm unbedingten Gehorsam schuldig. Als Murschid vertritt der Scheich Muhammad, der den Sufis als Al-insan al-kamil gilt, als „perfekter Mensch", der den mystischen Pfad erfolgreich durchschritten und den höchsten Grad menschlicher Reife erreicht hat.

Askese und Genuss

Waren die ersten Sufis nüchterne Asketen, so haben verschiedene sufische Richtungen im Laufe der Zeit überaus lebensfreudige Praktiken etabliert. Unter bestimmten freizügigen Sufigruppen, die dem Religionsgesetz keine Priorität einräumen oder es allegorisch interpretieren, ist sogar der **Genuss von Rauschmitteln** wie Alkohol oder Haschisch üblich, manchmal als Teil religiöser Riten. Die meisten Sufis lehnen dies jedoch ab. Weit verbreitet ist hingegen die Verwendung von **Musik und Gesang** in den Sufipraktiken. Dieser Punkt ist bis heute ein Kritikpunkt nüchterner, gesetzestreuer Muslime am Sufismus. Musik und Tanz sind ein traditionelles innerislamisches Reizthema und es wird wohl immer unterschiedliche Auffassungen darüber geben, was in dieser Hinsicht erlaubt ist und was nicht.

Die **hierarchische Ordensorganisation**, mit dem charismatischen Scheich an der Spitze, ist ein Hauptunterscheidungsmerkmal zwischen Sufismus und nichtsufischem Islam. Wie für die Schiiten die Imame, so sind für die Sufis ihre Scheiche religiöse Mittlergestalten, die dank ihres Charismas oder ihres mystischen Wissens eine besondere Nähe zu Gott haben und diese Nähe nutzen können, um Fürsprache für den einfachen Gläubigen einzulegen. Daneben unter-

Was ist Sufismus?

Die Frage der Übereinstimmung der Praktiken des Sufismus mit dem Islam ist ein traditioneller Streitpunkt unter Muslimen. Wie unterschiedlich der **Sufismus aus islamischer Perspektive** beurteilt werden kann, zeigen die folgenden Zitate:

„Der Sufismus basiert auf ununterbrochenem Gottesdienst, völliger Hingabe an Gott, Abwendung vom falschen Glanz der Welt, Abstinenz von den Freuden, dem Besitz und dem Ansehen, das die große Masse anstrebt, und Rückzug von der Welt in die Einsamkeit des Gottesdienstes."
Ibn Khaldun, 15. Jahrhundert, Ägypten
(s. Kurzportrait S. 24 f.)

„Sufismus und Islam können nicht voneinander getrennt werden. Islam ist ein zeitloser Akt des Erwachens durch Hingabe. Sufismus ist das Herz des Islam."
Fadhlallah Haeri, Süd-Afrika, geb. im Irak, Sufi-Scheich, der sich an ein westliches Publikum wendet.

„Die Sufis behaupten, dass sie Wissen über das Verborgene haben, aber der Qur'an beweist uns, dass sie Lügner sind. Allah sagt: ‚Sprich: *Niemand in den Himmeln und auf Erden kennt das Verborgene außer Allah*'. (S 27, 65)"
Scheich Salih al-Munajjid, Anhänger der puritanischen **Salafiyya** (s. Kurzportrait zu Hasan al-Banna S. 93 f.)

scheiden sich die Sufis von den übrigen Muslimen durch die **Praxis des Dhikr**, des „(Gott-)Gedenkens". Beim Dhikr wird Gott in Form seiner Namen und bestimmter Kombinationen dieser Namen angerufen. Das Dhikr, das je nach Ordenstradition in unterschiedlichen Formen praktiziert wird, ist die zentrale Übung auf dem Weg zur angestrebten mystischen Vereinigung mit Gott. Die bei uns bekannteste Dhikr-Form ist diejenige des türkischen Ordens der „Tanzenden Derwische", der auf den berühmten persischen Mystiker Dschala-luddin Rumi aus Konya in der heutigen Türkei zurückgeht. Rumi hat im 13. Jahrhundert gelebt und ist einer der bedeutendsten mystischen Dichter der islamischen Welt. Charakteristisch für die sehnsuchtsvolle Poesie Rumis sowie anderer Sufi-Dichter ist, dass es oft kaum möglich ist zwischen der Liebe zu Gott und weltlicher Liebe zu unterscheiden:

„Bin ich bei dir, so schlaf ich nicht vor Freuden
Bin ich ohn' dich, so schlaf ich nicht vor Leiden
Gelobt sei Gott, dass beide Mal' ich wache –
Du magst die Art der Wachheit unterscheiden."

Der Islam zwischen Politisierung und Säkularität

In der öffentlichen Wahrnehmung unserer Zeit erscheint der Islam als äußerst politische Religion, oft gar als eine Religion, die eine prinzipielle „Einheit von Religion und Staat" anstrebe, mithin nicht mit unserem westlichen Verständnis von Säkularität vereinbar sei. Dies ist nur teilweise richtig. Wenn wir die Antworten, die der Islam zu **Fragen des Verhältnisses von Religion und Staat** gibt, verstehen wollen, lohnt es sich, zunächst einen Blick in die Entstehungszeit des Islam zurückzuwerfen. Anders als Judentum und Christentum entstand der Islam gleichzeitig mit einem Staatswesen: Der Islam hatte in seiner historischen Entstehungszeit konkrete **politische Macht**. Die Offenbarungen und später der Hadith (s. S. 19) halfen, diese Macht zu formen und zu rechtfertigen. Die islamische Theologie hat den prinzipiell allumfassenden Herrschaftsanspruch des Islam formal immer aufrechterhalten. Es gibt jedoch keinerlei Einigkeit darüber, wie dieser Anspruch praktisch umgesetzt werden soll. Dies hängt damit zusammen, dass die Scharia, das islamische Gesetz, das idealerweise die Grundlage eines islamischen Staatswesens sein sollte, zu vielen Fragen, die für die Organisation eines modernen Staates grundlegend sind, keine Aussagen macht. Vorstellungen eines islamischen Staatswesens beruhen deshalb, von einzelnen Aspekten, die im Koran klar geregelt sind, abgesehen (dies sind insbesondere Fragen des Erb- und Strafrechts), auf allgemeinen ethischen oder rechtlichen Vorgaben, die im Islam gegeben werden. Ein Beispiel ist das koranische Zinsverbot, auf dessen Basis Muslime versuchen, die Grundlagen eines „gerechten" islamischen Wirtschaftssystems abzuleiten.

Muslimische Herrscher waren in der Geschichte immer bemüht, ihre Herrschaft islamisch zu rechtfertigen. Gleichzeitig haben jedoch auch muslimische Gesellschaften Trennungen zwischen religiösen und weltlichen Institutionen vorgenommen. Der Titel Sultan zum Beispiel kennzeichnet den weltlichen Herrscher im Gegensatz zum religiösen Oberhaupt, dem Kalifen (s. S. 20).

Neben dem islamischen Gesetz gab es in muslimischen Gesellschaften immer auch nichtislamisches Recht, seien es auf lokalen Traditionen beruhende Gewohnheitsrechte *(urf)* oder vom Sultan erlassenes Recht *(kanūn)*. Historisch gesehen gab es in muslimischen Gesellschaften genauso wie in christlichen Gesellschaften immer Konflikte zwischen weltlichen und religiösen Kräften.

Der **Islamismus**, der die Trennung zwischen weltlicher und religiöser Sphäre verneint und den Islam als ein System definiert, das beide Bereiche umfasst und politisch durchgesetzt werden muss, ist ein modernes Phänomen. Es speist sich aus zwei Quellen: Zunächst steht der Islamismus in der **Tradition innerislamischer Erneuerungsbewegungen**, die im 18. Jahrhundert einen moralischen Niedergang der islamischen Welt beklagten und die Muslime zur religiösen Umkehr aufriefen. Die zweite Quelle ist der **Widerstand gegen die politische, wirtschaftliche und kulturelle Vorherrschaft der europäischen Imperialmächte**, die im 19. und frühen 20. Jahrhundert weite Teile der islamischen Welt in ihre Abhängigkeit brachten. Innere moralische Erneuerung und äußerer politischer Widerstand sind die beiden grundlegenden Motivationen des Islamismus. Dabei ist der Islamismus, oft auch als „islamischer Fundamentalismus" bezeichnet, nicht per se militant, auch wenn seine militanten

Seiten die westlichen Medien beherrschen. Der Islamismus ist ein sehr vielschichtiges Phänomen und mehr als nur eine Protestbewegung gegen die christlich-europäische – und nach dem zweiten Weltkrieg in zunehmendem Maße US-amerikanische – Vormachtstellung. Der Aktivismus der Islamisten äußert sich nicht nur in politischer Agitation, sondern auch, was sehr viel weniger medienwirksam ist, in sozialen Hilfsdiensten aller Art (Schulen, Krankenhäuser, Armenküchen usw.). Das Ziel ist die islamische Gesellschaft, das heißt eine Gesellschaft, die sich ganz islamischen Wert- und Ordnungsvorstellungen verschreibt. Diejenigen militanten Islamisten, die bereit sind, ihre Gesellschaftsvorstellungen oder ihre Ablehnung westlicher politischer und kultureller Vorherrschaft (mit den USA und Israel als Feindbildern Nummer eins) mit Waffengewalt durchzusetzen, sind sowohl in muslimischen als auch in westlichen Ländern eine Minderheit. Sich auf das islamische Prinzip des **Dschihad** (s. S. 55) berufend, das soviel wie „religiöse Anstrengung" bedeutet, erklären sie der westlichen Welt und ihren Werten, die als ungerecht und dekadent verworfen werden, den Kampf. „Islamischer Krieg" ist dabei eine sehr einseitige Übersetzung von Dschihad, kann sich die „Anstrengung" doch auf alles beziehen, was dem Islam und der islamischen Gemeinschaft zugute kommt. So umfasst Dschihad etwa auch den spirituellen Kampf gegen das eigene Ego.

Die traumatischen Spätfolgen des europäischen Imperialismus, die sozialen Missstände in den islamischen Ländern und das Nichtvorhandensein pluralistischer, demokratischer Strukturen in den meisten islamischen Staaten sind die Hauptquellen, aus denen sich die soziale und politische Unzufriedenheit in vielen islamischen Ländern speist. Eine als ungerecht empfundene Weltordnung, symbolisiert im Nahostkonflikt, in dem der Weltöffentlichkeit einseitige Nachsichtigkeit gegenüber dem Verhalten Israels vorgeworfen wird, verschärft den Konflikt.

Politische Frustration sowie soziale und ökonomische Perspektivlosigkeit können in Aggression umschlagen. Der Islamismus ist *ein* Kanal für diese Aggression. Islamisten präsentieren ihn als Allheilmittel gegen die Ungerechtigkeiten der Welt. Militanz ist dabei genauso wenig und genauso sehr im Islam angelegt wie in anderen Religionen. Dabei weist Religion im Allgemeinen insofern eine Nähe zur Gewalt auf, als dass sie ein besonderes Potential besitzt, Gewalt zu rechtfertigen. Denn die Berufung auf höhere religiöse Werte, deren Befolgung besondere Belohnung verspricht, kann die Gültigkeit von sozialen Alltagsnormen außer Kraft und Gewalt freisetzen.

Kurzporträt — **Hasan al-Banna** (1906–1949)
Gründer der Muslimbrüder

„Der Islam ist ein umfassendes System, das sich mit allen Bereichen des Lebens auseinander setzt."

Hasan al-Banna, 1906 geboren und 1949 ermordet, war einer der einflussreichsten Ideologen des **Islamismus**. Bekannt wurde er vor allem durch die Gründung der **Muslimbruderschaft** 1928, der vielleicht bedeutendsten islamistischen Organisation des 20. Jahrhunderts mit nationalen Zweigen in über 70 Ländern.
Hasan al-Banna stammt aus dem oberägyptischen al-Mahmudiyya. Er widmete sich früh religiösen Studien und besuchte schon mit 16 Jahren die Al-Azhar Universität in Kairo, die weltweit bedeutendste sunnitisch-theologische Lehranstalt. Später arbeitete er als Dorfschullehrer.
In Kairo kam er in Kontakt mit der **Salafiyya**-Bewegung, die eine puritanische Ideologie des „zurück zum Ursprung des Islam" vertritt, allein der Schrift und der Sunna des Propheten religiöse Autorität zubilligt, die Praktiken des volkstümlichen Sufismus verurteilt und so die traditionelle islamische Gelehrtenschicht herausfordert.
Mit der Gründung der Muslimbruderschaft trat der politische Islam in eine neue Phase: Als Hauptursache des Niedergangs der isla-

mischen Zivilisation wurde die Abkehr von den Werten des Islam und von einem idealisierten islamischen Gesellschaftssystem ausgemacht. Dieser Niedergang äußere sich in einer inneren Zerstrittenheit, einem Werteverfall und in Folge dessen einer Abhängigkeit vom christlichen Europa. Die Rückkehr zum Islam sei dagegen der einzige Weg, die Unabhängigkeit der Muslime wiederherzustellen und die Muslime erneut an die Spitze der wissenschaftlichen, kulturellen und wirtschaftlichen Entwicklungen zu bringen. Die Etablierung islamischer Staaten ist das Nahziel – wobei Modelle davon, wie ein islamischer Staat auszusehen habe, stark voneinander abweichen.

Islamisten wie Hasan al-Banna geht es darum, im direkten Rückgriff auf die Grundlagen des Islam Antworten auf moderne Fragen zu finden. Der Scharia (s. S. 76 f.) wird dabei eine entscheidende Rolle zugesprochen. Al-Banna propagierte den Slogan: „Der Koran ist unsere Verfassung und Muhammad ist unser Beispiel."

Ägypten war schon seit dem 19. Jahrhundert die Keimzelle von reformistischen islamischen Denkern, die sich mit den Ursachen des „islamischen Niedergangs" beschäftigten und nach neuen Interpretationen des Islam suchten. Mit aktivistischen Organisationen wie der Muslimbruderschaft bekam die Ideologie der islamischen Erneuerung eine politische Stimme.

Islam in Deutschland

Der Islam existiert längst nicht mehr als eine ‚fremde Religion im Orient'. Vielmehr ist er kultureller und religiöser Orientierungsrahmen von über 3 Millionen Menschen in unserer Nachbarschaft. Von diesen 3 Millionen Muslimen in Deutschland sind mehr als eine halbe Million deutsche Staatsbürger, zum größten Teil aufgrund von Einbürgerung, zum kleineren Teil weil sie als Deutsche zum Islam konvertiert sind.

Historische Hintergründe

Alte Grabsteine bezeugen, dass die ersten Kontakte zum Islam auf deutschem Boden auf das 17. Jahrhundert zurückgehen. Damals wurden bei der zweiten Schlacht gegen die Türken vor Wien (1683) Kriegsgefangene islamischen Glaubens von deutschen Fürsten ins Land geholt. Manche der Gefangenen starben noch vor ihrer Freilassung oder wurden zu Christen bekehrt und blieben.
Ein lebendiges islamisches Gemeindeleben in Deutschland ist erstmals für die Zeit zwischen den beiden Weltkriegen bezeugt. Die damals gebaute Ahmadiyya-Moschee in Berlin-Wilmersdorf ist heute wieder in Benutzung. In den 20er Jahren lebten etwa 2000 Studenten und akademische Exilanten aus verschiedenen islamischen Ländern in Berlin und Umgebung.
Die gegenwärtige Präsenz des Islam in Deutschland geht aber vor allem auf die **Arbeitsmigration** in den 60er Jahren zurück. Um ihr stark ansteigendes Wirtschaftswachstum aufrechtzuerhalten, benötigte die Bundesrepublik in den

60er Jahren dringend Arbeitskräfte. Daher warb sie Arbeiter aus dem Ausland an. Der größte Teil der ausländischen Arbeiter mit islamischem Hintergrund kam aus der Türkei (zum kleineren Teil auch aus Marokko, Tunesien und dem früheren Jugoslawien). Viele von ihnen waren ungelernte Kräfte aus den ländlichen Gebieten. Die Arbeiter hofften, in Deutschland genügend Geld für eine bessere Zukunft in der Heimat verdienen zu können.
1961 wurde das erste Abkommen über die kontrollierte und geförderte Arbeitsmigration zwischen Deutschland und der Türkei unterzeichnet. Deutsche Firmen durften danach je nach Bedarf und gegen eine Vermittlungsgebühr türkische Arbeiter anwerben und für ein Jahr beschäftigen. Schon nach kurzer Zeit waren ganze Produktionszweige in Deutschland von muslimischen Arbeitern abhängig: die Fisch verarbeitende Industrie, der Ruhrgebietsbergbau und die Metallindustrie. Innerhalb von zehn Jahren kamen 500 000 türkische Arbeiter, darunter nur wenige Frauen, nach Deutschland.
Während die Bundesregierung und die Türkei Interesse an der Rotation der Arbeiter hatten, lag den Firmen eher an einer Verlängerung der Verträge, weil dadurch sowohl die Vermittlungsgebühren als auch die Einarbeitungszeiten entfielen. Ab 1971 wurde für Ausländer, die bereits im fünften Jahr in Deutschland arbeiteten, die so genannte unbefristete Aufenthaltserlaubnis eingeführt, die nicht mehr direkt an die Arbeitsverträge gekoppelt war. Aber schon zwei Jahre später verschlechterte sich die wirtschaftliche Situation Deutschlands aufgrund der Ölkrise so stark, dass die Bundesregierung einen Anwerbestopp beschloss. Die offizielle Politik lavierte von nun an zwischen Integrationsbemühungen, Zuzugsbeschränkungen und Rückkehrförderung.
In den ersten 20 Jahren der Arbeitsmigration gingen die meisten Arbeiter von einer baldigen Rückkehr in ihre Heimat aus. Die sukzessive Verlängerung von Arbeitsverträgen und die steigende Inflationsrate in der Türkei veränderten aber schleichend die Situation der Türken in Deutschland. Für die meisten von ihnen dürfte sowohl die unsichere poli-

tische Situation in der Türkei (Militärputsch 1980), die schlechte Arbeitsmarktsituation in der Heimat als auch die schulische Ausbildung der mittlerweile nach Deutschland geholten Kinder den Ausschlag für einen immer längeren Verbleib in Deutschland gegeben haben. Dennoch kann man die erste Generation der „Gastarbeiter“ als „Immigranten wider Willen“ bezeichnen. Verschiedene Untersuchungen bestätigen, dass der geringen Zahl an Rückreisen zum Trotz viele Türken einen starken Wunsch nach Rückkehr in ihre Heimat verspürten. Sie schlitterten eher in einen längerfristigen generationenübergreifenden Aufenthalt hinein, als dass sie sich explizit entschlossen hätten, in Deutschland zu bleiben. Und auch die deutschen Regierungsparteien waren in ihren politischen und wirtschaftlichen Positionen zum Verbleib der „Gastarbeiter“ nicht eindeutig. Diese unklare Situation hatte zur Folge, dass sowohl die staatlichen Integrationsangebote (z. B. Deutschkurse für die erste Generation, spezieller Schulunterricht für deren Kinder u. a.) als auch ihre Inanspruchnahme durch die türkischen Familien den Anforderungen für eine gelungene Integration nicht entsprachen.
Die gegenwärtig dominante Orientierung an einem langfristigen Leben in Deutschland lässt sich an den stark rückläufigen Zahlen des Sparvolumens, der Abnahme der Überweisungen in die Türkei, dem Verkauf von Eigentum in der Türkei und zunehmendem Immobilienbesitz in Deutschland ablesen.

Muslime im deutschsprachigen Raum – Zahlen

Es ist schwierig, die genaue Anzahl der derzeit in Deutschland lebenden Muslime zu ermitteln. Die Meldebehörden ordnen alle Religionszugehörigkeiten, die nicht das Christentum oder Judentum betreffen, der Rubrik „Sonstige“ zu. Der Islam hat keine autoritative und zentralistische Kirchenstruktur ausgebildet, insofern kennen die islamischen Gemeinden keinen rituell zu vollziehenden und gleichzeitig formell registrierten Beitritt, der etwa der christlichen Taufe vergleichbar wäre. Die einzigen verlässlichen quantitativen Angaben zur Zugehörigkeit zum Islam wurden bei der Volkszählung von 1987 erhoben. Eine weitere Grundlage zur gegenwärtigen Schätzung bildet die Herkunft aus einem Land mit mehrheitlich muslimischer Bevölkerung. Hierbei muss berücksichtigt werden, dass diese Länder meist konfessionell gemischt sind (Sunniten und Schiiten, aber auch Christen, Juden u. a.). Nur etwa 15 Prozent aller Muslime sind in den islamischen Vereinen in Deutschland als ordentliche Mitglieder registriert. Etwa zwei- bis dreimal so hoch liegen allerdings schätzungsweise die informellen Vereinszugehörigkeiten, da meist nur eine Person pro Familie formales Vereinsmitglied wird.

Einwanderer in Deutschland nach Hauptherkunftsländern (ohne Einbürgerungen)*

Türkei	1 998 534
BR Jugoslawien	662 495
Bosnien und Herzegowina	156 294
Iran	107 927
Marokko	80 266
Afghanistan	72 199
Libanon	51 375

(Zahlen 31.12.2000, Bundesausländerbeauftragte 2002)*

Schätzungen auf der Grundlage der genannten Quellen gehen von derzeit etwa **drei Millionen Menschen islamischen Glaubens in Deutschland** aus. Davon gehören etwa 80 Prozent zu den Sunniten. 4–5 Prozent sind Schiiten vorwiegend aus dem Iran, aber auch aus Afghanistan, der Türkei und dem Libanon. Zwei weitere bedeutende Gruppie-

rungen in Deutschland bilden die Aleviten (s. S. 82 f.) aus der Türkei, die etwa 10–15 Prozent der Gesamtheit der Muslime in Deutschland ausmachen, und die zahlenmäßig sehr kleine Ahmadiyya (s. S. 80 f.) mit einem Anteil von etwa ein Prozent. Beide Gruppen fühlen sich selbst zum Islam zugehörig, werden aber von den meisten Sunniten und Schiiten nicht als Muslime anerkannt.
Eine weitere nicht unbeachtliche Gruppe sind **Konvertiten**. Registriert sind davon diejenigen, die sich aufgrund ihres Wunsches, nach Mekka zu pilgern, eine Urkunde zur Bestätigung ihres Übertritts ausstellen lassen. Das sind in Deutschland derzeit etwa 11 000 Personen. Zwei Drittel davon sind Frauen.
In der Schweiz leben derzeit 310 000 und in Österreich 350 000 Muslime. Die Mehrheit bilden in beiden Ländern die Muslime aus den Balkanländern und der Türkei.

Die Entstehung der islamischen Gemeinden

Religions- und Weltanschauungsgemeinschaften sind in Deutschland entweder als eingetragene gemeinnützige Vereine organisiert oder sie können mittels eines staatlichen Verfahrens den Status einer „Körperschaft des öffentlichen Rechts“ erhalten. Als solche „Körperschaften“ werden in Deutschland beispielsweise die christlichen Großkirchen und das Judentum geführt. „Körperschaft“ ist aber keine spezielle Vereinsform für Religionen, sondern eine Rechtsform, die großen Gemeinschaften im Staat eine weitreichende Autonomie in ihrer internen (Rechts-)Organisation überlässt und gewisse Privilegien eröffnet, wie z. B. die staatlich geregelte Einziehung des Mitgliedschaftsbeitrags (Kirchensteuern) oder die Anerkennung als staatlich förderbare Wohlfahrts- und Jugendpflegeinstitution. Um als eine solche Organisationsform geführt zu werden, müssen klare hierarchische Strukturen und ein Gremium vorhanden sein, das die Regeln, nach denen die Mitglieder handeln, verbindlich festlegt. Der Islam ist zwar eine durchaus kollektiv gelebte Religion, er kennt aber kein derartiges hierarchisch gestuftes und verantwortliches Repräsentativorgan, das die Entscheidungsgewalt über die internen religiösen Angelegenheiten innehat. Der Koran ist die letzte Autorität für den Gläubigen. Die Muslime haben sich aber den deutschen Strukturen mittlerweile weitgehend angepasst und Vereine mit eigenen internen und über religiöse Angelegenheiten waltenden Entscheidungsorganen gebildet, um ihre Interessen in der Gesellschaft vertreten zu können.

Von Hinterhofmoscheen zu Dachverbänden

Bereits in den sechziger Jahren haben islamische Migranten Gebetsräume in den Arbeiterbarracken eingerichtet. Später wurden privat und zeitlich begrenzt Räume (kleine ehemalige Fabrikhallen, Garagen oder Ladenlokale) angemietet, um dort die Gebete abzuhalten. Einen Vorbeter wählten sie meist aus ihren Reihen. Erst mit der Zeit setzte sich die Vereinsform als Grundstruktur durch. Auf Repräsentation für eine deutsche oder auch muslimische Öffentlichkeit waren diese ersten Gruppen und Vereine aber nicht angelegt: Es gab kaum eine gesonderte Telefonnummer oder Postadresse und keinen Ansprechpartner. In der Regel kannten sich die Mitglieder untereinander und die Gruppe bzw. der Verein blieb überschaubar klein. Die angemieteten Räume wurden in dieser Anfangsphase nur als Gebets- und Begegnungsstätte am Freitag und im Ramadan genutzt.
Dies änderte sich Anfang der 70er Jahre, insbesondere durch den damals einsetzenden Familiennachzug. Die Migranten richteten sich nun auf einen etwas längeren Aufenthalt in Deutschland ein und der Wunsch nach einer religiösen Erziehung für ihre nach Deutschland geholten Kinder beschleunigte den Aufbau von Moscheevereinen. Solche Moscheevereine waren in der Regel „monoethnische" Gründungen: Migranten aus demselben Herkunftsland bildeten zusammen einen Verein. Bis heute spricht man in den Moscheen untereinander hauptsächlich in der jeweiligen Hei-

matsprache. Die Vielfalt der islamischen Vereine in Deutschland spiegelt die weltweite Vielfalt des Islam wider (vgl. Kapitel 3).
Durch die Anbindungen an bestehende Organisationen im Herkunftsland war es für die türkischen Migrantenfamilien möglich, einen kundigen **Imam** nach Deutschland zu holen, der als **Hodscha** auch die kulturelle und religiöse Erziehung ihrer Kinder übernehmen konnte. Die türkisch-islamischen Vereine boten schon bald Korankurse für Kinder an. Der Koranunterricht geriet allerdings Ende der 70er Jahre wegen der angeblich sehr rigiden Erziehungsmethoden vieler Hodschas in Verruf. Besonders die so genannten freien Hodschas, die ihre Ausbildung nicht an einer der staatlichen Religionsschulen absolviert hatten und somit nicht als „Staatsbedienstete" der Türkei nach Deutschland einreisten, gerieten unter den Verdacht, Kinder körperlich zu züchtigen und politisch zu beeinflussen. Zudem hieß es – vor allem unter städtischen Muslimen –, dass durch die Hodschas „ländliche und magische Heilmethoden" nach Deutschland getragen würden. Dies stieß bei vielen Muslimen wie bei Deutschen auf Ablehnung.
In den 80er Jahren organisierten sich die Verbände zunehmend untereinander und es bildeten sich einige stabile, meist bundesweit arbeitende Dachverbände heraus. Die Dachverbände unterstützen die zugehörigen Ortsvereine in ihren religiösen, sozialen und finanziellen Belangen, z. B. beim Bau von Moscheen, bei der Organisation von Koranunterricht und Wallfahrten nach Mekka, bei der Bestellung von Imamen aus dem Herkunftsland sowie bei der Einrichtung von Beerdigungsfonds und -instituten.
Seit Anfang der 90er Jahre ist eine Veränderung im Selbstverständnis des Islam in Deutschland zu beobachten. Die in Deutschland herangewachsene zweite Generation hat in vielen Vereinen die Führung übernommen. Galt lange Zeit die ethnische und „konfessionelle" Verschiedenheit und die Konkurrenz der Vereine untereinander als Hindernis für eine Emanzipation des Islam in Deutschland, verstärkte sich nun

die Organisation der Vereine in übergeordneten Verbänden: Es bestehen seitdem bundesweit zwei islamische Dachverbände, die die Interessen der Muslime in Deutschland gegenüber dem Staat vertreten: der **Islamrat für Deutschland (IR)** und der **Zentralrat der Muslime in Deutschland (ZMD)**. Die meisten islamischen Vereine sind einem der beiden Dachverbände angeschlossen.

Die wichtigsten islamischen Vereine

DITIB – Diyanet Işleri Türk-Islam Birligi – Türkisch-islamische Union der Anstalt für Religion e.V.

DITIB ist die direkte Vertretung des türkischen „Präsidiums für Religionsangelegenheiten" (DIB). Ehren- und Beiratsvorsitzender des eingetragenen Vereins in Deutschland ist von Amts wegen der Präsident des DIB. DITIB versteht sich als offizielle Vertretung aller türkischen Muslime in Deutschland. Entsprechend ist der Verein in keinem der beiden oben genannten Dachverbände Mitglied.
Zu den zentralen Aufgaben der DITIB gehört die Versorgung der Gemeinden mit Imamen. Das DIB entsendet dafür für je 5 Jahre Imame aus der Türkei nach Deutschland. Die Imame sind in staatlichen theologischen Schulen ausgebildet und reisen meist das erste Mal nach Deutschland. Sie sind daher mit der besonderen Situation islamischer Gemeinden in Deutschland wenig vertraut und sprechen zumeist kaum genügend Deutsch, um die Gemeinde nach außen hin zu repräsentieren. So ist dieser Dienst für viele islamische Ortsvereine nicht nur attraktiv, sondern zuweilen auch mit Konflikten und Problemen verbunden.
DITIB wurde 1982 gegründet und ist heute die größte muslimische Organisation in Deutschland. Der Verband unterhält nach eigenen Angaben 780 Ortsvereine, darunter mehrheitlich Moscheen, aber auch Eltern- und Sportvereine.

IGMG – Islamische Gemeinschaft Milli Görüş e.V.

Milli Görüş bedeutet „Religiös-Nationale Sicht“, sie selbst übersetzen dies mit „Neue Weltsicht“. Politisch-ideologisch steht der Verband der mittlerweile verbotenen Refah Partei des zeitweiligen türkischen Ministerpräsidenten Necmettin Erbakan (s. Kurzportrait S. 104 f.) nahe. Der Neffe Necmettin Erbakans, Mehmet Sabri Erbakan, war von 1996 bis 2001 Generalsekretär der IGMG. Weitere Familienmitglieder sind im Umfeld des Verbandes tätig. Milli Görüş ist hierzulande als extremistisch eingestuft und steht unter ständiger Beobachtung des Verfassungsschutzes.

Milli Görüş ist europaweit der größte türkisch-islamische Verband. Er unterhält nach eigenen Angaben 740 Moscheevereine, allein 274 davon in Deutschland. Hinzu kommen zahlreiche Eltern-, Sport, Frauen-, Studenten- und Jugendvereine. Die Zugehörigkeit zur IGMG geht nicht bei allen Vereinen sichtbar aus der Satzung hervor. Insbesondere kleine Ortsvereine ziehen es vor, öffentlich nicht mit dem Verband in Verbindung gebracht zu werden und sich damit zu schaden. Bei größeren Vereinen weisen oft allein die Namen der Vorstandsmitglieder oder der Begünstigten bei der Auflösung eines Vereins auf die Nähe zur IGMG hin.

Insbesondere in der Verbreitung türkischer Literatur und anderer türkischer Medien ist Milli Görüş sehr aktiv. Ihre Buch- und Medienmessen werden darum auch von Türken, die der IGMG distanziert gegenüberstehen, besucht und geschätzt. Im weiteren Umfeld von Milli Görüş stehen Immobilien-, Versicherungs- und Kapitalanlagegesellschaften, die dem Verband einen starken finanziellen Rückhalt geben. Der IGMG ist dem Islamrat angeschlossen.

IGMG und Islamrat unterhalten eigene, auch deutschsprachige, Homepages. Diese finden Sie unter **www.igmg.de** und **www.islamrat.de**.

Kurzporträt **Necmettin Erbakan** (geb. 1926)
Muslimischer türkischer Politiker

„In der Türkei ereignet sich eine Revolution bedeutender als die Russische. Wie der Kommunismus in Russland untergegangen ist, so wird in der Türkei der blinde Gehorsam gegenüber dem Westen ein Ende finden."

Necmettin Erbakan, 1926 in Sinop am Schwarzen Meer geboren, ist eine der bedeutendsten Figuren des politischen Islam der Türkei. Die von ihm initiierte **Milli Görüş** -Bewegung hat auch unter türkischen Muslimen in Deutschland großen Einfluss. Erbakan hat den politischen Islam in der Türkei hoffähig gemacht, und zwar in einer relativ moderaten Variante, die weitgehend an die säkularen und republikanischen Grundprinzipien der Türkei angepasst ist.

Der Sohn einer der letzten islamischen Richter des Osmanischen Reiches hatte sich zunächst dem Ingenieurwesen verschrieben. Erbakan studierte Maschinenbau in Istanbul und in Aachen und spricht fließend Deutsch. Seit den 60er Jahren ist Erbakan in der türkischen Politik aktiv. In der Zeit von 1970 bis 1983 gründete er drei verschiedene Parteien, denen er jeweils vorstand, die alle ein von traditionell-islamischen Werten geprägtes Programm hatten und letztlich alle verboten wurden. Seine größten politischen Erfolge feierte er in den 1990er Jahren mit der Wohlfahrtspartei (1983–1998), mit der er von 1996 bis 1997 sogar als Ministerpräsident eine Koalitionsregierung leitete. Gleichzeitig mit dem Verbot der Wohlfahrtspartei 1998 wurde Erbakan mit einem fünfjährigen Politikverbot belegt.
Erbakan ist der Organisator und charismatische Repräsentant der Milli Görüş-Bewegung, einem Überbegriff für das politische, soziale und ökonomische Netzwerk, das sich nach seinen ideologischen Vorgaben richtet. Das politische Programm bezieht sich hauptsächlich auf die Wirtschaftsordnung, die nach Maßgabe einer an islamischen Prinzipien orientierten „Gerechten Ordnung"

gestaltet werden soll. Die Bewegung verkörpert einen traditionalistischen Islam, dem türkisch-osmanischen Nationalerbe loyal verbunden, wobei sich in den letzten Jahren vermehrt auch reformistische Stimmen zu Wort melden.
Aufgrund seines Alters sowie wegen eines Generationenwechsels in der Parteiführung und der Spaltung der Bewegung hat sich Erbakans Einfluss inzwischen bedeutend verringert. Der heutige türkische Ministerpräsident Erdogan, der seit 2002 Vorsitzender der mit absoluter Mehrheit regierenden Gerechtigkeits- und Entwicklungspartei (einer Nachfolgepartei der Wohlfahrtspartei) ist, gilt als politischer Zögling Erbakans. Erdogan verkörpert dennoch einen Generationswechsel an der Führungsspitze des politischen Islam in der Türkei. Er repräsentiert den elanvollen, pragmatischen Technokraten, während Erbakan noch eher im Stile eines traditionellen Paschas auftrat.

VIKZ – Verein Islamischer Kulturzentren e.V.

Der „Verband der Islamischen Kulturzentren e.V." (VIKZ) ist aus einem bereits 1973 in Köln bestehenden Verein hervorgegangen. Der VIKZ gehört damit zu den ersten islamischen Gruppen, die sich der religiösen Betreuung der türkischen Gastarbeiter annahmen und Korankurse durchführten. Heute gehören nach eigenen Angaben etwa 300 Vereine zu ihrem Verband.
Der Verein ist aus der so genannten Korankursbewegung in der Türkei entstanden. Ihr Gründer, der Rechtsgelehrte **Süleyman Hilmi Tunahan** (1888–1959) bemühte sich bereits in den 20er und 30er Jahren um den Aufbau religiöser Bildungsstätten in der Türkei. Mit der Abschaffung des Religionsunterrichts, der Verstaatlichung des Erziehungswesens und der Schriftreform Atatürks drohte die islamische Identität der Türken zu verschwinden. Dem versuchte Tunahan entgegenzuwirken, wodurch er in Konflikt zum laizistischen Kurs Atatürks geriet. Erst nach dem Zweiten Weltkrieg konnten seine religiösen Bildungsstätten in der Türkei legalen Charakter annehmen. Heute befinden sich mehrere 1000 solcher Einrichtungen in der Türkei. Auch in Deutschland ist der VIKZ besonders aktiv im Aufbau von Internaten

und Erwachsenenbildungsstätten zur religiösen Unterweisung.
Charakteristisch für den VIKZ ist außerdem seine Anlehnung an den sufischen Islam (s. S. 84 ff.), wenngleich sich die Mitglieder des VIKZ ausdrücklich nicht als Sufis bezeichnen. Süleyman Hilmi Tunahan gilt den Anhängern der VIKZ als letztes Glied in der bis zu Muhammad zurückreichenden Kette von mystischen Meistern des **Naqshibendi**-Ordens. Ihm kommt eine besondere spirituelle Autorität zu und seine Lehren nehmen in der Gemeinschaft neben dem Koran auch heute noch einen besonderen Stellenwert ein.
Der VIKZ ist auf Weisung des neuen Vorstands in der Türkei seit 2001 in keinem der islamischen Dachverbände in Deutschland mehr vertreten.
Die Homepage des VIKZ ist unter **www.vikz.de** zu finden.

Islamische Gemeinschaft Jama'at un-Nur e.V. – Gemeinschaft des Lichts

Eine Gemeinschaft mit ähnlichem Entstehungshintergrund wie die VIKZ ist die Jama'at un-Nur, die „Gemeinschaft des Lichts" oder auch Nurculuk genannt. Sie ließ sich 1979 in Deutschland nieder. Die Gründung der Gemeinschaft in der Türkei geht auf Said Nursi (1873–1960) und seinen Korankommentar Risale-i Nur („Abhandlung vom Licht") zurück. Auch die Nurcus legen besonderen Wert auf das Koranstudium und die zusätzliche Unterweisung in die Schriften Nursis. Sie nennen ihre Vereinshäuser nicht Moscheen, sondern „Lehrhäuser". In Deutschland besitzen sie ca. 30 solcher Institute.

Nationalistische Gruppen: *ADÜTDF* und *ATIB*

Der nationalistische Verband „Union der Türkisch-Islamischen Kulturvereine" (ADÜTDF) wurde 1978 gegründet und ist auch unter dem Namen „Graue Wölfe" bekannt. Die ADÜTDF unterhält Verbindungen zur türkischen Partei der „Nationalen Bewegung" (MHP), die aus den Wahlen 1999 als zweitstärkste Kraft hervor ging, seit 2002 jedoch nicht

mehr im türkischen Parlament vertreten ist. In Europa unterhält der Verband etwa 200 Mitgliedsvereine. Seit der ideologischen Synthese von türkischem Nationalismus und sunnitischem Islam bei der ADÜTDF in den 80er Jahren fallen darunter auch Moscheevereine.
1988 spaltete sich ein stärker religiös orientierter Flügel von der ADÜTDF in die ATIB – „Türkisch-Islamische Union in Europa e.V." – ab. Zur ATIB haben sich nach eigenen Angaben 126 Vereine in Deutschland zusammengeschlossen.

Zusammenschlüsse von Aleviten

Die Aleviten (s. S. 82 f.) haben sich erst verhältnismäßig spät in Vereinen organisiert. Dies hängt damit zusammen, dass sich die Aleviten erst in den letzten Jahren wieder öffentlich zu ihrer religiösen Identität bekennen. Aufgrund ihrer besonderen Verehrung des vierten Kalifen Ali, dem Schwiegersohn Muhammads, werden sie auch als türkische Schiiten bezeichnet. Letztlich bilden sie aber auch zu diesen eine Sondergruppe. Die Aleviten machen etwa 15–20 Prozent der türkischen Bevölkerung aus, ca. $\frac{2}{3}$ von ihnen sind türkisch-, die übrigen kurdischsprachig. Sie werden in Deutschland durch zwei Vereine repräsentiert: zum einen durch die **Deutsche Föderation der Aleviten (AABF)**, die mit ca. 90 Mitgliedsvereinen in Deutschland die wichtigste europäische Dachorganisation der Aleviten ist. Zum anderen durch die **CEM-Stiftung**, die die Loyalität der Aleviten und Schiiten zum türkischen Staat fördern soll. Die CEM-Stiftung steht dem türkischen Staat nahe und ist in der Türkei politisch sehr einflussreich, während sie in Deutschland eher ein Schattendasein führt.

Der Kalif von Köln

Als „Kalif von Köln“ wurde **Cemalettin Kaplan** von Journalisten bezeichnet, weil er sich auf einer Versammlung seines Verbandes (mit Hauptsitz in Köln) 1992 zum „Staatsoberhaupt und Kalifen“ einer „Islamischen Republik Türkei“ ausrufen ließ. Sein Verband, bekannt auch unter dem Namen die „Kaplancis“, nennt sich seitdem der „Kalifatsstaat“ und steht für eine revolutionäre islamische Erneuerung der *laizistischen* Türkei. Nach dem Tod Cemalettins übernahm sein Sohn **Metin Kaplan** 1995 die Führung und den Titel „Emir der Gläubigen und Kalif der Muslime“. Die Machtübernahme durch den Sohn war aber umstritten; die Gemeinde spaltete sich. Der Arzt **Ibrahim Sofu** wurde zum Gegenkalifen ausgerufen, was durch Metin Kaplan mit einem Rechtsgutachten *(fatwa)* beantwortet wurde, das dazu aufrief, Gegenkalifen zu töten. 1997 wurde Sofu unter bis heute ungeklärten Umständen ermordet. Metin Kaplan wurde in diesem Zusammenhang im März 1999 festgenommen und im November 2000 zu vier Jahren Haft verurteilt. Seit dem 27. Mai 2003 ist Metin Kaplan aus dem Gefängnis entlassen. Der von der Türkei gestellte Antrag auf Auslieferung wurde vom Oberlandesgericht Düsseldorf abgelehnt, da man davon ausgeht, dass ihn dort Folterungen erwarten würden. Kaplan wird für zwei Bombenanschläge in der Türkei, die allerdings verhindert werden konnten, verantwortlich gemacht.
Der Verband des „Kalifenstaats“ zählte etwa 1100 Mitglieder. Er wurde in Deutschland im Dezember 2002 – im Zuge der Streichung des so genannten Religionsprivilegs nach dem Attentat vom 11. September 2001 – verboten.

Organisationen arabischer Muslime

Arabische Muslime in Deutschland organisieren sich vorwiegend im Verband „Islamische Gemeinschaft Deutschland e.V.“ (IGD). Ziel des Verbandes ist in erster Linie die Unterstützung des Baus von Moscheen. Die erste Moschee der IGD wurde zwischen 1967 und 1973 in München erbaut. Dort entstanden mittlerweile auch ein islamischer Kindergarten und eine islamische Grundschule. Die Zweigstellen der IGD werden als „Islamische Zentren (IZ)“ bezeichnet. Solche Zentren befinden sich z. B. in Frankfurt am Main, Marburg, Nürnberg und Stuttgart. Insbesondere dem Münchener IZ wird eine Nähe zu den Muslimbrüdern (s. S. 93 f.) nachgesagt, da die Gründung des Moscheevereins in den 50er Jahren durch ein prominentes Mitglied der Muslimbrüder, Said Ramadan, erfolgte. Die IGD unterhält auch Verbindungen zu Milli Görüş (s. S. 103 f.).

Organisierte bosnische und albanische Muslime

Seit dem Auseinanderbrechen des früheren Jugoslawien ist die Anzahl der hier lebenden Muslime jugoslawischer Herkunft stark gestiegen. Ihre Moscheevereine haben sich zu Zentren der Selbsthilfeorganisation für bosnische und albanische Flüchtlinge ausgeweitet. 1994 bildete sich die „Vereinigung Islamischer Gemeinden der Bosniaken in Deutschland (VIGD) e.V.“ mit Sitz in Kamp-Lintfort. Die Vereinigung hat etwa 35 Mitgliedsvereine.
Als Dachverband albanischer Moscheen fungiert die „Union der Islamisch Albanischen Zentren in Deutschland e.V.“ in Hamburg. Diese Union hat etwa 14 Ortsverbände.

Zusammenschluss von Zwölferschiiten

Das Islamische Zentrum Hamburg (IZH) e.V. ist die zentrale Vereinigung der Zwölferschiiten in Deutschland. Das IZH unterhält eine enge Verbindung zum Iran. Zeitweilig waren prominente Vertreter der iranischen Republik Imame und Vorsitzende des IZH, wie der frühere Vorsitzende der Islamischen Republikanischen Partei (IRP), Imam Seyed Mohammad Hosseini Beheschti (1965–1973), und der heutige Staatspräsident des Iran, Imam Seyed Mohammad Khatami (1978–1980).
Das IZH vertreibt eine eigene deutschsprachige Zeitschrift sowie iranische Schriften zu Religion und Politik.

Konvertierte Muslime deutschsprachiger Herkunft

Die deutschen Muslime stellen zwar zahlenmäßig keine große Gruppe dar, gleichwohl ist ihr Engagement unter den Muslimen in Deutschland herausragend und zentral für die organisatorischen Fortschritte in den letzten fünfzehn Jahren – wenngleich die Kommunikation zwischen geborenen und konvertierten Muslimen nicht immer ganz spannungsfrei ist. Eigene Moscheevereine haben deutsche Muslime nicht gegründet, aber z. B.

- die **Bildungsstätte „Haus des Islam“** in Lützelbach, in dem die jährlichen Treffen der deutschsprachigen Muslime stattfinden,
- das **„Zentralinstitut-Islam-Archiv-Deutschland“** in Soest, von dem Material zur Geschichte des Islam in Deutschland gesammelt und eine Zeitschrift herausbracht wird, sowie
- den Verein **„Deutsche Muslim-Liga e.V.“**, der sich die Förderung des Trialogs zwischen Juden, Christen und Muslimen zum Ziel gesetzt hat.

Darüber hinaus haben sich Deutsche besonders dem Sufismus, der mystischen Ausprägung des Islam, zugewandt (s. S. 84 f.). In den letzten 30 Jahren sind aus diesem Kreis ebenfalls eigene Gemeinschaften entstanden. Zahlenmäßig führend sind hier die Anhänger des türkischen **Naqshibendi**-Scheichs Nazim al-Qubrusi. Sie haben ihr deutsches Zentrum, die „Osmanische Herberge“, in der Eifel. Scheich Nazim hat seinen Hauptsitz auf Zypern, seine Anhängerschaft erstreckt sich aber über die gesamte Welt.
Eine weitere verhältnismäßig große Sufigemeinschaft in Deutschland ist die **Burhaniyya**. Ihr Scheich ist der Sudanese Ibrahim, der seinen Hauptsitz in Khartoum hat. Die europäischen Burhanis haben ihr Zentrum in der Lüneburger Heide. Deutsche Gemeinden haben sich in München, Hamburg, Berlin und Münster gebildet.

Beide Sufigemeinschaften haben eine multinationale Anhängerschaft und zählen je etwa 500 Mitglieder in Deutschland. Weitere kleinere Sufigemeinschaften mit weniger als 50 Anhängern und zum Teil deutschen Scheichs sind in verschiedenen Städten Deutschlands zu finden.
Zum bisher genannten organisierten Islam in Deutschland bestehen wenig direkte Verbindungen, wenngleich viele der türkisch-sunnitischen Organisationsgründer Verbindungen zum Sufismus hatten, so zum Beispiel auch Necmettin Erbakan (Milli Görüş; s. S. 104 f.) zu einem türkischen Naqshibendi-Orden. In der Türkei sind Sufiorden seit 1925 verboten, agieren aber im Privaten oder inoffiziell in Moscheegemeinden eingeschränkt weiter.

Charakteristika des Vereinslebens

Insgesamt fühlen sich etwa ein Drittel der Muslime in Deutschland einem bestimmten Verband bzw. Ortsverein zugehörig. Die Mitgliederzahlen der Vereine sind jedoch niedriger, weil in der Regel nur die erwachsenen Männer einer Familie als Mitglieder eingetragen sind. Eine eingetragene Mitgliedschaft ist nicht Voraussetzung für die Teilnahme am Gebet und anderen Veranstaltungen. Zumal die Moscheevereine, wie z. B. auch christliche Religionsgemeinschaften in den USA, sich stärker über Spenden als über regelmäßige Mitgliedsbeiträge finanzieren. Für religiöse und soziale Zwecke Spenden zu entrichten, ist für einen gläubigen Muslim ein religiöses Gebot (s. S. 42 f.).
In den Moscheevereinen werden Feste wie die rituelle Beschneidung der Jungen oder Hochzeiten gefeiert sowie die Beerdigungsriten vollzogen. In diesem Sinne sind die Moscheen auch für viele weniger religiöse Muslime, die formell keine Mitglieder sind, zu wichtigen Dienstleistern geworden.

Konfliktfelder bei der Religionsausübung in Deutschland

Muslime können die meisten Aspekte ihres Glaubens in Deutschland relativ problemlos praktizieren. Hinsichtlich einiger Punkte kommt es aber immer wieder zu Konflikten mit den herkömmlichen Regelungen in der deutschen Gesellschaft. Manchmal geht es dabei nur um für unseren Kulturkreis leicht akzeptable andersartige Regeln, die es rein technisch zu überwinden gilt. So z. B. wenn es um das Verbot von Schweinefleisch für Muslime geht. Hier gibt es kaum noch Diskussionen um die Akzeptanz, sondern nur um die technische Umsetzbarkeit. In anderen Fällen aber entzünden sich weltanschauliche Konflikte zwischen Muslimen, Christen und säkularen Bürgern, zu denen manchmal nur schwer befriedigende Lösungen für alle Seiten gefunden werden können. Im Folgenden werden die wichtigsten aktuellen Debatten angesprochen.

Die Kopftuch-Debatte

Die schamhafte Verhüllung des Körpers gilt im Islam für beide Geschlechter. Wobei die Grenzen des Schambereichs bei Männern und Frauen unterschiedlich definiert sind (s. S. 57 f.). In Deutschland wird vor allem die Kopfbedeckung der Frau wahrgenommen, während z. B. kaum registriert wird, dass auch praktizierende muslimische Männer bei großer Hitze keine kurzen Hosen oder armfreie T-Shirts tragen. Die Rolle der Frau im Islam wird außerhalb des Islam daher stark im Zusammenhang mit dem Tragen eines Kopftuchs diskutiert. Dabei wird die Kopfbedeckung häufig vorschnell als Zeichen der Unterdrückung der Frau im Islam interpretiert und mit „Fundamentalismus" und „Rückständigkeit" in Verbindung gebracht. Die äußerlich fremde Erscheinung islamischer Frauen gilt als Indiz für die Andersartigkeit des Islam. Die Motive, die zum Tragen einer Kopfbedeckung führen, und das Verhalten der einzelnen Frau werden oft nicht mehr wahrgenommen.

Schaut man jedoch auf die Aktivitäten der zweiten und dritten Generation von Musliminnen in Deutschland, zeigt sich ein Bild, das mit der Vorstellung einer durch den Islam zur Verhüllung gezwungenen Frau nicht vereinbar ist: In den letzten Jahren ist die Anzahl der kopftuchtragenden muslimischen Studentinnen kontinuierlich gestiegen. Diese Frauen sind meistens ledig und leben alleine. Sie tragen ein Kopftuch nicht aus Respekt vor einem Mann, sondern als Zeichen ihrer Gläubigkeit. Auch sind diese Frauen der zweiten und dritten Generation in den Moscheegemeinden sehr engagiert. Sie geben Kurse in islamischer Unterweisung, gründen „Schwesterngruppen", eigene Zeitschriften und Vereine. Im Rahmen dieser selbst gegründeten Institutionen beraten Musliminnen sich gegenseitig hinsichtlich Ausbildung und Beruf oder bei Familien- und Ehekonflikten und bilden sich in ihrer Religion fort. Ganz langsam spiegelt sich dieses Selbstbewusstsein und Engagement der Frauen auch in den Vereinsvorständen wider, in denen sie zunehmend vertreten sind.

Aufgrund diffuser Ängste vor Fundamentalismus gibt es immer wieder Fälle, in denen Schuldirektoren muslimischen Mädchen das Tragen eines Kopftuchs in der Schule verbieten wollen. Eine rechtliche Handhabe dafür gibt es aber nicht. Anders als in der Türkei, wo das Kopftuch für Staatsbedienstete und für alle Angehörigen von Schulen und Universitäten verboten ist, ist dies in Deutschland erlaubt. Nur als Lehrerin im Staatsdienst, so haben die Gerichte in Baden-Württemberg und Niedersachsen entschieden, dürfen Musliminnen nicht mit Kopftuch unterrichten. Dies laufe der Neutralitätspflicht der Schule zuwider.

Sofern an deutschen Schulen der Sportunterricht gemischtgeschlechtlich unterrichtet wird, können muslimische Mädchen im Einzelfall eine Befreiung erwirken, so hat das Bundesverwaltungsgericht bereits 1993 entschieden.

Das Schächten

Im Islam ist der Genuss von Schweinefleisch, Alkohol und – weniger bekannt – Blut verboten. Letzteres hat zur Folge, dass die Tötung eines Schlachttieres durch einen scharfen Schnitt durch die Halsschlagader erfolgt, damit das Tier ausbluten kann. Um ein frühzeitiges Sterben des Tieres und damit eine vorschnelle Beendigung der Ausblutung zu verhindern, ist es auch den muslimischen Metzgern in Deutschland ein Anliegen, ohne vorherige Betäubung des Tieres zu schächten. Das deutsche Tierschutzgesetz verbietet jedoch das Ausbluten von Warmblütern ohne Betäubung. Der Gesetzgeber hat aber die Möglichkeit zu einer Ausnahmegenehmigung offen gelassen, „wenn es erforderlich ist, den Bedürfnissen von Angehörigen bestimmter Religionsgemeinschaften im Geltungsbereich dieses Gesetzes zu entsprechen". Erst im Januar 2002 hat das Bundesverfassungsgericht hierzu eine Grundsatzentscheidung gefällt, die es muslimischen Metzgern erlaubt, eine solche Ausnahmegenehmigung einzuholen, wie sie z. B. jüdische Metzger auch erhalten. Beim Opferfest im Februar 2003 erhielten allerdings nur wenige Metzger eine solche Genehmigung. Ein Übertreten des grundsätzlichen Verbots der Schächtung kann zu drei Jahren Gefängnis führen.
Es ist umstritten, ob betäubungsloses, sachgerecht durchgeführtes Schächten dem Tier mehr Todesqualen bringt als die herkömmliche Art der Schlachtung in deutschen Schlachthöfen. Nichtmuslimische Tierschützer sind allerdings fast ausnahmslos gegen das Schächten. Da der Tierschutz 2003 in die Verfassung aufgenommen wurde, ist es nicht unwahrscheinlich, dass es zu weiteren Verhandlungen in Sachen Schächterlaubnis ohne Betäubung und einer Revision des eher wohlwollenden Urteils vom Januar 2002 kommt.
Für eine Lösung dieses Konflikts muss sichtbar werden, dass muslimische Metzger in sachgerechter Weise und unter Vermeidung unnötiger Qualen arbeiten. Dafür öffnen diese – wie vom Gesetzgeber vorgesehen – in regelmäßi-

gen Abständen ihre Türen einer interessierten Öffentlichkeit.

Bestattung nach islamischem Ritus in Deutschland

Bisher hatte die Mehrheit der ersten Generation islamischer Migranten ihre Beerdigung in ihrer Heimat durch eine Mitgliedschaft in einem der „Überführungsfonds" der islamischen Vereine gesichert. Heute wollen hingegen immer mehr Muslime dort begraben werden, wo ihre Kinder und Enkel zu Hause sind. Seit Anfang der 90er Jahre tritt daher verstärkt der Wunsch nach Beerdigungsmöglichkeiten nach islamischem Ritus in Deutschland auf. Dieses Anliegen ist aber nicht ohne weiteres mit den deutschen Friedhofsordnungen vereinbar. Zwar haben mittlerweile bereits einige Friedhöfe besondere Gräberfelder angelegt, die eine Ausrichtung der Gräber nach Mekka erlauben. Problematisch ist es allerdings nach wie vor, die Bestattung in einem weißen Leichentuch vorzunehmen, da es in Deutschland Vorschrift ist, Leichname in einem Sarg zu beerdigen. Die rituellen islamischen Waschungen der Toten können hingegen in den Moscheen durchgeführt werden oder in einem Raum (ohne Kreuz) auf dem Friedhof.
Muslime gehen in der Regel von einer unbefristeten Grabruhe aus. In Deutschland ist die Belegung von Grabplätzen aber befristet. Eine Verlängerung ist meist nur möglich, wenn Angehörige noch leben, die diese beantragen können. Die Gestaltung islamischer Gräber ist meist sehr schlicht: kein Blumenschmuck, nur eine Holz- oder Steinstele. Der bisweilen verwilderte Zustand der Gräber ist nicht als Vernachlässigung der Toten zu verstehen, sondern als Ausdruck des Respekts vor ihrer Ruhe.

Repräsentative Moscheebauten

Von insgesamt etwa 2200 islamischen Gebetsstätten in Deutschland sind 66 Gebäude eigens als repräsentative Moscheen mit Kuppeln und Minaretten gebaut worden. Die meisten dieser Moscheen wurden in den letzten 15 Jahren errichtet. Sie stehen nicht nur in großen Städten wie Berlin, Dortmund, Frankfurt am Main, Hamburg, Köln oder Mannheim, sondern auch in Kleinstädten wie Marl, Pforzheim und Lauingen. Jeder der Verbände in Deutschland verfügt über solche Repräsentativbauten. Die restlichen Gebetsstätten sind umgebaute Fabrik-, Büro- oder Wohngebäude, manchmal mit einer aufgesetzten Kuppel mit Halbmond.

Der geplante Bau einer Moschee löst in der Öffentlichkeit regelmäßig heftige Diskussionen aus. Konfliktpunkte sind meist Lage und Größe der Moschee, verbunden mit diffusen Ängsten vor einer „Überfremdung" des betroffenen Wohnviertels.

Anders als die Kirchen haben die islamischen Vereine keinen Planungsanspruch auf Gebäude zur Religionsausübung ab einer bestimmten Ortsgemeindegröße. Moscheen entstehen darum oft in Industriegebieten oder anderen abgelegen Vierteln, in denen gar keine Muslime leben. In den Wohngebieten erhalten sie häufig keine Baugenehmigung. Hier wird meist unzumutbare Verkehrs- und Lärmbelästigung befürchtet.

Eine besondere Sorge der umliegenden nichtmuslimischen Bevölkerung gilt dem Muezzin, der die Gläubigen zum Gebet ruft. Dieser Gebetsruf gehört wesentlich zum Gebetsritus des fünfmal täglichen Pflichtgebets (s. S. 34 ff.). Allerdings muss der Gebetsruf nicht notwendig über Lautsprecher vom Minarett verkündet werden, selbst wenn die Moschee ein Minarett besitzt. In den meisten Moscheen in Deutschland wird der Gebetsruf ohne Verstärkung im Gebäude in oder vor den Gebetsräumen ausgerufen. In Gemeinden, in denen der Ruf vom Minarett erschallt, wurden mit der jeweiligen nichtmuslimischen Bevölkerung unterschiedliche Vereinbarungen getroffen. Während der Gebetsruf in Düren fünfmal täglich zu hören ist, wird er in Bochum nur einmal täglich, in Bergkamen nur einmal wöchentlich laut ausgerufen. Während in Düren bislang keine Proteste bekannt sind, liegen in Bergkamen Beschwerden vor. Dies zeigt, dass hier von Fall zu Fall Lautstärke und Häufigkeit mit dem Standort und vor allem der umgebenden Wohnbevölkerung im Einvernehmen zu treffen sind.

Islamische Bildung und Erziehung in Deutschland

In der Situation der Diaspora ist die Bewahrung der Traditionen des Glaubens und der Kultur des Herkunftlands von besonderer Bedeutung. Insbesondere die den ersten Einwanderern nachfolgenden Generationen sind stark vom deutschen Umfeld, in dem sie aufwachsen, geprägt und mit den religiösen und kulturellen Regeln und Werten ihrer Eltern und Großeltern immer weniger vertraut. Typisch für türkische Einwanderer ist zudem, dass die erste Generation in ihrer Kindheit und Jugend in der Türkei selbst keinen Unterricht in ihrer Religion hatte, da in ihrer Heimat der Religionsunterricht bis in die 50er Jahre verboten war. Die meisten Familien kamen vom Land, viele waren darunter, die nicht lesen und schreiben konnten. So ist es den muslimischen Eltern, die heute meist schon der zweiten Generation angehören, zu einem dringenden Anliegen geworden, ihren Kindern Religionsunterricht zukommen zu lassen.
In der Anfangszeit der Migration wurden deshalb Korankurse in den Vereinen organisiert, in denen vor allem Religionspraxis vermittelt wurde. Hier lernten die muslimischen Kinder und Heranwachsenden den Koran in Arabisch zu lesen und frei zu rezitieren. Die Rezitation des Korans ist einerseits eine religiöse Übung an sich, andererseits wichtig, um die Suren beim Gebet inhaltlich mit vollziehen zu können.
Seit Anfang der 80 Jahre gibt es nun auch Bemühungen, islamischen Religionsunterricht an deutschen Schulen einzuführen. Allerdings stößt dieses Anliegen auf verschiedene Widerstände. So wird noch diskutiert, welche der islamischen Vereine als verantwortliche Ansprechpartner in den Bundesländern für den Inhalt des Unterrichts anerkannt werden sollen. NRW erprobt seit Anfang der 80er Jahre Lehrpläne für eine islamische Religionskunde in Zusammenarbeit mit dem türkischen Kultusministerium. Jedoch

gibt es in Deutschland bislang noch keine ausgebildeten Lehrer für den Unterricht im islamischen Glauben. Bislang wird der Islamunterricht im Rahmen des muttersprachlichen Zusatzunterrichts, der in den meisten Bundesländern mit hohem Anteil muslimischer Schüler erteilt wird, von Lehrern aus der Türkei durchgeführt. Diese Lösung ist auf Dauer jedoch nicht annehmbar, da nicht alle Muslime in Deutschland Türken sind. Zudem fordern auch die islamischen Verbände, dass der Unterricht zukünftig in Deutsch stattfinden soll und die Lehrkräfte mit der deutschen Gesellschaft vertraut sind. In jüngster Zeit plant die Universität Münster, ein Ausbildungsprogramm für islamische Religionslehrer zu starten. Hierzu sollen Gastprofessoren mit islamisch-theologischer Ausbildung aus dem Ausland oder in Deutschland promovierte Islamwissenschaftler muslimischen Glaubens, die eine religionspädagogische Zusatzausbildung aufweisen können, angestellt werden. An weiteren Universitäten sind ähnliche Studiengänge zur Lehrerausbildung geplant.
Die Muslime selbst sind in den letzten Jahren ebenfalls im Bereich islamischer Bildung aktiv geworden, zum Teil auch jenseits der Anträge auf schulischen Religionsunterricht. So bemüht sich beispielsweise der VIKZ (s. S. 105 f.) um die Einrichtung von islamischen Erwachsenenbildungsstätten, in denen Muslime und Nichtmuslime zu Themen des Islam und der Gesellschaft Seminare besuchen können. Lehrkräfte sind ebenfalls Muslime und Nichtmuslime.
Der VIKZ, Milli Görüş und andere islamische Vereine haben eigene Bildungsstätten zur Ausbildung von Koran- und Religionslehrern für ihre Gemeinden geschaffen. Die Nachfrage unter den jungen Muslimen nach solchen Kursen ist groß und überschreitet oft die Aufnahmekapazitäten der Verbände. Ob die islamischen Bildungsstätten und die universitäre Lehrerausbildung in Deutschland demnächst zusammenarbeiten werden, ist jedoch noch offen.

Internethinweise

Alle Internetadressen, auf die in diesem Buch hingewiesen wird, haben wir überprüft (Redaktionsschluss 27.06.2003). Dennoch können wir nicht ausschließen, dass unter den angegebenen Adressen inzwischen ganz andere Inhalte angeboten werden.

Deutschsprachige Internetangebote zum Islam

www.islam.de

Informations- und Serviceangebot für Muslime und alle am Islam Interessierten. (interkulturelle und spezifisch muslimische Themenschwerpunkte, virtuelle Bibliothek mit Koran-Download und Suchmaschine, Adressenliste und Linksammlung)

www.religion-online.info/islam/islam.html

Durch die Bundesregierung unterstütztes Internetangebot von *REMID e. V.* zur Verbesserung des Informationsaustauschs zwischen den Religionen. (Dokumentationen, Informationen zu aktuellen Themen, kommentierte Links)

www.enfal.de

Von Muslimen erstelltes informatives Internet-Magazin. In türkischer und deutscher Sprache abrufbar. (Koran mit Kommentar, Islamisches Recht, Artikel zu aktuellen gesellschaftlichen und (welt)politischen Themen, Biographien)

www.gmsg.de

Kommunikations- und Informationsnetzwerk der *Gesellschaft Muslimischer Sozial- und Geisteswissenschaftler* mit Beiträgen zu aktuellen Themen, Rezensionen und Links.

www.ex-oriente-lux.de

Von einer deutschen Journalistin erstellte private Orient-Webseite, die auch eine Rubrik mit Informationen rund um den Islam sowie zu bedeutenden islamischen Persönlichkeiten und eine ausführliche Linksammlung enthält.

www.islam-pure.de

Eine Seite mit vielen Links zu islamischen Organisationen in Europa.

www.qantara.de

Webseiten zur Förderung des Dialogs mit der islamischen Welt. Vielfältige und aktuelle Informationen zu Politik, Gesellschaft und Kultur in englischer und deutscher Sprache.

www.theologie-links.de/oek-islam.html

Webseite mit Beiträge zum Verhältnis von Christentum und Islam.

Internationale muslimische Webseiten

Englischsprachige Seiten zu Grundfragen des Islam:
www.al-islam.com
www.discoverislam.com
www.islam-online.net
www.islam.org

Zur Kunst im Islam (Architektur, Kalligraphie, Ornamentik etc.):
www.islamicart.com

Literaturhinweise

ANTES, PETER: *Der Islam als politischer Faktor.* Hannover: Niedersächsische Landeszentrale für Politische Bildung 2001. (Kostenloser download aus dem Internet: www.nlbp.de/04-pub/04-pub-pdf/AntesIsl.pdf.)

Einführendes zum Islam in politischer Hinsicht, aber auch zur Geschichte des Islam und zur moslemischen Lebenspraxis.

BIEHL, FRAUKE/KABAK, SEVIM: *Muslimische Frauen in Deutschland erzählen über ihren Glauben.* Gütersloh: Gütersloher Verlagshaus 1999.

Muslimische Frauen aller Altersklassen mit unterschiedlichen biographischen und sozialen Hintergründen berichten, wie sie ihren Glauben leben. Das Buch zeigt die Religiosität muslimischer Frauen in der ganzen Breite des im Islam vorhandenen Spektrums individueller Zugänge zum Glauben.

COOK, MICHAEL: *Der Koran. Eine kurze Einführung.* Stuttgart: Reclam 2002.

Eine gute und verständliche Einführung in die Inhalte, die Verbreitung und die Bedeutung des Koran im Islam - mit klarem Bezug zur Gegenwart.

HAARMANN, MARIA (HRSG.): *Der Islam. Ein Lesebuch.* München: Beck 2002.

Kurzweiliges Lesebuch mit historischen und zeitgenössischen Texten.

HALM, HEINZ: *Der schiitische Islam. Von der Religion zur Revolution.* München: Beck 1994.

Sehr gute, verständliche Einführung in die Geschichte des schiitischen Islam von seinen Ursprüngen bis in unsere Zeit mit ausführlicher Berücksichtigung der schiitischen Geißlerprozessionen und Passionsspiele.

LEMMEN, THOMAS/MIEHL, MELANIE: *Miteinander Leben. Christen und Muslime im Gespräch*. Gütersloh: Gütersloher Verlagshaus 1999.
Hier findet man Konkretes zu derzeitigen Möglichkeiten und Stolpersteinen des interreligiösen Dialogs.

MINAI, NAILA: *Schwestern unterm Halbmond. Muslimische Frauen zwischen Tradition und Emanzipation*. München: Deutscher Taschenbuchverlag 1991.
Minai schildert anhand einer Fülle von Beispielen das Leben von Musliminnen aus der ganzen Welt. Gleichzeitig werden gute Einblick in die Lehren des Koran zur Stellung der Frau vermittelt.

SEUFERT, GÜNTER: *Café Istanbul. Alltag, Religion und Politik in der modernen Türkei*. München: Beck 1999.
Ein Café am zentralen Beyazid-Platz in Istanbul ist für den Autor Anlass und Ausgangspunkt, um Beobachtungen und Überlegungen zum Verhältnis von westlicher Kultur und politischem Islam in der modernen türkischen Gesellschaft anzustellen.

SPULER-STEGEMANN, URSULA: *Muslime in Deutschland. Informationen und Klärungen*. Freiburg: Herder 2002.
Kompetente und übersichtliche Darstellung des Islam in Deutschland mit umfangreichen Informationen (u. a. zur Geschichte des Islam und zu muslimischen Organisationen in Deutschland) sowie einer kritischen Diskussion vieler Problemfelder.

ZAID, NASR HAMID ABU: *Ein Leben mit dem Islam*. Erzählt von Navid Kermani. Freiburg: Herder Spectrum 2001.
Zaid, Literaturwissenschaftler und einer der wichtigsten Denker der islamischen Welt, erzählt sein Leben: angefangen bei seiner Kindheit in einem ägyptischen Dorf bis zur Fatwa, die auf Grund seiner kritischen Koranauslegung verhängt wurde und ihn ins europäische Exil trieb.

Register